本书需配合《剑桥雅思官方真题集18培训类》使用

剑桥雅思真题精讲

IELTS 18

GENERAL TRAINING 培训类

周成刚　主编

新东方国际教育培训事业部　编著

U0129754

浙江教育出版社·杭州

图书在版编目(CIP)数据

剑桥雅思真题精讲. 18. 培训类 / 周成刚主编；新东方国际教育培训事业部编著. -- 杭州：浙江教育出版社，2023.7
ISBN 978-7-5722-5979-1

Ⅰ. ①剑… Ⅱ. ①周… ②新… Ⅲ. ①IELTS-题解 Ⅳ. ①H310.41-44

中国国家版本馆CIP数据核字(2023)第109103号

剑桥雅思真题精讲18 培训类
JIANQIAO YASI ZHEN TI JING JIANG 18 PEIXUN LEI
周成刚 **主编** 新东方国际教育培训事业部 **编著**

责任编辑	赵清刚
美术编辑	韩　波
责任校对	马立改
责任印务	时小娟
封面设计	李　倩
版式设计	李　倩
出版发行	浙江教育出版社
	地址：杭州市天目山路40号
	邮编：310013
	电话：（0571）85170300 - 80928
	邮箱：dywh@xdf.cn
印　　刷	三河市良远印务有限公司
开　　本	787mm×1092mm　1/16
成品尺寸	185mm×260mm
印　　张	12.25
字　　数	274 000
版　　次	2023年7月第1版
印　　次	2023年7月第1次印刷
标准书号	ISBN 978-7-5722-5979-1
定　　价	48.00元

致谢

ACKNOWLEDGEMENTS

感谢以下老师为本书的编写付出辛苦努力

国际教育培训事业部编委会委员

周成刚	刘烁炀	何 钢	姚宇西
李 阳	王 翔	翟家杰	

国际教育培训事业部编委会成员

冯 哲	蒋 丽	来万馨
梁丽萍	刘 妍	马洛鹏
孙 超	孙晨风	王 宇

我的留学观

留学是当今中国的一个热点话题。所谓热点，就是讨论的人多，关注的人多。无论你决心已下或是尚在彷徨犹豫，留学的选择对你的人生来说都将是一个重大决定。它涉及你个人和家庭的许多投入，包括时间、金钱、精力，甚至情感，它关系到你未来的学习、工作和个人生活，它与你的前途息息相关。我相信每一个人在做出最后决定前，一定会一遍又一遍地问自己："我到底要不要出国留学？""我是否也应该像大多数人一样选择去欧美国家留学？"

首先我想说，决定留学或不留学其实没有对与错，留学只是一种学习方式的选择。而一旦涉及选择，就少不了分析与比较、思考与权衡。来新东方咨询留学的学生和家长，都会向我们提出类似的问题。

从某种意义上说，我们可以从"是否要上大学"这个角度来思考"我到底要不要出国留学"这个问题。大多数家长不会因为当下大学毕业生就业困难就不支持孩子上大学；一些成功的企业家也不会因为自己没有读过大学就不让自己的孩子追求学业。大学生并非个个身怀绝技，并非都能获得人们期待的那些成功，但大学尤其是名校仍然倍受追捧。为什么？因为大家心中明白，相对于没有上过大学的人，一般来说，大学生的平均综合素质较高，毕业后在职场上具有更强的竞争力和职业发展后劲。也就是说，我们希望通过读大学、读名校，来提高自己的胜出概率。谈到此处，上述的两个问题也就迎刃而解了。欧美国家和名校一样，它们拥有先进的生产力。无论是科学技术，还是文化教育，欧美的大部分国家正在引领世界的发展。换句话说，这些发达国家在某些领域是大部分发展中国家学习和借鉴的榜样。我们选择留学，选择到发达国家去学习，可以提高自己在世界舞台上的胜出概率，可以获得比其他人更多的成功机会。

那么为什么是否选择留学会在今天成为一个如此紧迫的问题呢？

可以说，这是全球一体化带来的必然社会趋势。所谓全球一体化，就是地区与地区之间、国家与国家之间、经济体与经济体之间的交流和接触日益频繁，障碍逐个被扫除，资源和信息的流动变得前所未有地畅通。过去因为种种原因，我们隔断了自己和世界绝大部分地区和国家的交流，我们国家的年轻人不需要和任何其他国家的同龄人去竞争。但随着国门不断打开，我们国家的年轻人已经和世界各国的年轻人走到了同一个舞台上，需要和全球同龄人去竞争。

今天，一个美国人可以很容易到中国找工作，他们到中国的公司找到一份工作就意味着中国人少了一份工作；相反，一个中国学生很容易到美国去留学，毕业后他们在华尔街谋到一份职业也就意味着抢走了美国人的一个"饭碗"。

在如此这般全球同龄人竞争的格局下，越来越多的学生认识到，自己如果要在职场上胜出，就必须掌握当今世界普遍认可的价值观和在全球范围内有竞争力的知识和职业技能。当我们开始去寻找这些东西准备充实自己的时候，陡然发现，这些我们所希望拥有的先进的科学文化知识、有竞争力的核心技术、创新的思维观念，甚至符合人性发展的价值观等，有一部分掌握在那些发达国家的手里，至少在目前这个历史发展阶段是如此。过去我们自己和自己比赛，规则和输赢我们自己说了算。现在，我们要去和世界强队比赛，要按照国际比赛的规则去比，输赢由国际裁判决定。于是，我们不得不开始了解国际比赛，学习比赛规则。这就是为什么今天越来越多的家长要送自己的孩子出国留学，因为家长都希望自己的孩子在比赛中胜出。

事实上，我们背井离乡、负笈海外，或是去留学，或是去进修，或是去游历，都是中国人世代相传的教育理念的延伸和自我实践。几千年来，中国人通过读书改变自己命运的梦想从没有停止过。

过去，许多家庭省吃俭用，用攒下来的钱送孩子进私塾学校，接受教育；书生们则头悬梁、锥刺股，用面壁苦读换来最后的金榜题名，自此改变人生命运。后来我们有了高考，农村的孩子通过上大学进一步提升自己的实力，获取一份比自己的父母更好的工作，去从事教师、工程师、医生和律师这些令人羡慕和受人尊敬的职业。学生通过高考走进了不同的城市，有小城市，也有像北京、上海这样的国际大都市。人们渴望走进这些城市，是因为他们知道在这些城市，人们的思想更加开放，资源更加集中，发展更快，机会更多，实现个人价值的概率更大。

如今，我们出国留学，到伦敦、多伦多、悉尼和纽约这些国际大都市去深造进修，这与当初我们走进县城、省城以及到北京、上海去读书何其相似？长久以来，这些行为和决定背后的核心理念丝毫没有改变，那就是"读书改变命运""教育兴邦"，唯一不同的是地缘和文化意义上的差异。我们只不过是从国内走到了国外，走进了一个不同的文化、语言和价值观的新世界。

当然，我们也不能否认许多中国学生出国留学还有一个目的——把英语学得更好。上两个世纪，英国和美国在文化、经济、军事、政治和科学上的领先地位使得英语成为一种准国际语言。世界上许多重要的社会活动、经济事件和科学发明都是用英语记录的，美、英等发达国家的媒体也在用英语传播他们的信息、知识和观念，影响遍及世界各个角落。我们掌握了英语，就如同掌握了一门世界通用语言，从这个意义上讲，英语之于世界，如同普通话之于中国。当我们在选择学习普通话、方言还是少数民族语言时，大多数人会选择普通话，因为普通话适用范围更广，接受度更高，也更容易习得，更方便和中国各地或各民族背景的人们交流。

有的家长会问，既然英语是一门世界通用语言，那我们是不是早点把孩子送出去更好？我的回答是：如果孩子出去太早，他可能会由于长期接受西方文化的熏陶，脱离中国文化的根基，最终成为一个"香蕉人"。反过来，如果孩子仅仅扎根中国，很少与外面的世界接触，那他可能会在和世界对话时缺少应有的准备。

我相信，21 世纪的今天，随着全球一体化的深入，无论是世界舞台还是经济高速发展的中国，都需要跨区域、跨文化、跨技能和跨语言的多元化的桥梁性人才。他们往往既受中国文化的熏陶，又受西方教育的洗礼；他们深谙世界的发展趋势，知道现在的西方有更多的先进技术，现在的中国有更多的发展机遇；这种"东西合璧"型的人才无论在国内还是国外，都会很容易找到自己的发展空间和职业定位。

写到这里，我不禁想起了过去几十年自己的生活、工作、留学和成长的历程。我于 20 世纪 80 年代上大学，毕业后留校任教 10 年，虽然是个英语专业的学生，但当时并没有想过要出国留学。突然有一天，我发现周围的朋友和同学很多都出国了，有的在国外大学当了教授，有的回国创业成了成功的企业家，有的把自己的跨国事业越做越红火。人是社会动物，不仅是为自己活着，他的思想、行为和价值观常常要受周围的人的影响，这是我对马克思所言"人的本质就其现实性而言是社会关系的总和"的一个新认识。于是，在这些朋友和同学的影响下，我也出国留学了。10 年的大学英语老师生涯为我的澳大利亚留学做好了铺垫，海外的研究生专业学习和优异的考试成绩又为自己赢得了在 BBC（英国广播公司）做记者的机会，英国的记者经历又为我日后加盟新东方提供了一份实力保障。今天，我已经把我的职业发展和新东方的发展连在了一起。

如果说，一个留学生只是一个点，那么千千万万的留学生就可以形成一股巨大的社会推动力。中国的大多社会变革和进步往往和留学生以及东西方思想的交汇相关，中国改革开放 40 多年所取得的成绩也佐证了这一点。这也许就是当面对 21 世纪的世界新格局时，中国学生出国留学以及中国留学生归国创业的大潮如此势不可挡的原动力吧！

如今，我自己的孩子也踏上了赴美留学之路。我深知这条路不会平坦，知道他在这条路上有时会倍感寂寞和孤独。但我为他喝彩，为他自豪，因为这是一个年轻人自己的选择，因为这是我从前走过的一条路，虽然坎坷崎岖，但路上的风景很美，很醉人！

周成刚

新东方教育科技集团首席执行官

目 录
CONTENTS

Test 1 Listening

Part 1 ▶▶▶

场景介绍

　　一位男士在做关于交通的问卷调查。他采访了刚刚搭乘公交车来到此地的 Sadie 女士。了解基本信息后，男士询问了 Sadie 乘坐公交车的频率以及对公交车的满意度，随后追加了一些关于汽车和自行车使用的问题。

必背词汇

survey	*n.* 民意调查	timetable	*n.* 时刻表
public transport	公共交通	comment	*n.* 评论，意见
dentist	*n.* 牙医	cycling	*n.* 骑自行车
parking	*n.* 停车	pollution	*n.* 污染
journey	*n.* 行程，旅途	flat	*n.* 公寓，单元房
satisfied	*adj.* 满意的	storage	*n.* 贮藏（空间）
complaint	*n.* 怨言，不满	frequency	*n.* 频率
on time	准时	lack	*n.* 缺乏，缺少

拓展词汇

check-up	*n.* 体检	golf club	高尔夫球俱乐部
normally	*adv.* 通常，平常	be keen on	喜爱，对……有兴趣
convenient	*adj.* 方便的	hall	*n.*（大楼内的）走廊，过道
annoying	*adj.* 使人烦恼的		

文本解析

1 And could I have your date of birth – just the year will do. 请问您的出生日期？只需要年份即可。could 在这里表示礼貌、委婉地请求。do 在这里意为"适合，足够"。

2 I stopped driving in ages ago because parking was so difficult to find and it costs so much. 我很久以前就不开车来这里了，因为停车位太难找了，而且费用太高。ages ago 在口语中常用，意指"很久之前"，并不一定是字面上的"多年前"。it 指代前文的 parking。

1

③ I suppose I mainly use the bus during the day, but any time I've been in town in the evening – for dinner or at the cinema – I've noticed you have to wait a long time for a bus – there aren't that many. 我想我主要是白天坐公交车，但是每次晚上在市区吃晚饭或看电影时，我都发现等公交车需要很长时间——班次并没有那么多。day 在这里是"白天"的意思。

④ Well, I have got a car but I don't use it that often. Mainly just to go to the supermarket. But that's about it really. My husband uses it at the weekends to go to the golf club. 嗯，我有一辆车，但不经常开。我开车主要是为了去超市，但确实也仅仅是这样（去超市）而已。我先生周末会开车去高尔夫俱乐部。"But that's about it really." 表示前面所说的就是全部了。这里说话者是想强调自己只是去超市的时候才会开车。

题目解析

答案速查： 1. DW30 7YZ 2. 24(th) April 3. dentist 4. parking 5. Claxby
6. late 7. evening 8. supermarket 9. pollution 10. storage

本节的题型为 Part 1 出现频率极高的笔记填空题。需注意词数要求为 ONE WORD AND/OR A NUMBER。

① 本题为直叙。postcode 可清晰定位。注意国外的邮编一般为字母和数字的组合。

② 本题需要留意日期，答案先通过提问者说出。回答者首先否定了提问者给出的日期，但立即纠正，即肯定了提问者所说的日期。需要考生在提问者说出日期时就记录下来，并且在后续对话中排除干扰。

③ 根据题干可判断需要听取此次出行的原因，并且答案与题干中的 shopping 并列。题干中的 reason 和 shopping 原词重现，shopping 后出现答案 dentist。dentist 为听力常考词，需要注意拼写。

④ 读题可知需要听取价格高的对象。题干中的 cost 在原文中以动词第三人称单数形式 costs 出现，并且在答案词之后，考生需要知道 costs 的主语 it 指代前文的 parking。题干中的 too high 在原文中替换为 so much。

⑤ 本题为直叙。

⑥ 题干中的 complaints 原词重现。today 一词替换为 this morning，随即出现答案 late。

⑦ 根据题干中的 complaints 和 frequency 可推测不满的内容是公交车的频率。原文女生首先提到主要白天坐公交，转折词 but 后引出不满的内容，即晚上很难等到公交，车次不多。frequency 在原文中对应 wait a long time 以及 there aren't that many。答案在关键词前出现。考生需要根据转折词预判答案位置，并对同义替换有一定理解。

⑧ 题干中的 car 一词在男生的问题中原词重现。女生很快给出答案 supermarket。后文提到丈夫开车去 golf club 属于干扰信息。可通过 husband 一词排除，或者通过词数要求排除。

⑨ 题干中的 dislike 在原文中替换为 not keen on...。travelling by bike 替换为 cycling。because 之后直接出现答案 pollution。

⑩ 题干中的 a lack of 在原文中替换为 doesn't have，随后出现答案 storage。

Part 2 ▶▶▶

场景介绍

一个名为 ACE 的志愿组织向听众介绍其开展的志愿服务。主讲人首先谈到了参与志愿服务的年龄要求、所提供的培训、申请志愿服务前需要考虑的因素等，随后简要介绍了几类志愿服务，以及各项服务所需的核心技能。

必背词汇

volunteer	*n.* 志愿者	nutrition	*n.* 营养
extra	*adj.* 额外的	first aid	急救
squashed	*adj.* 压扁的；压碎的	apologise	*v.* 道歉
reliability	*n.* 可靠性，可信度	continuous	*adj.* 不断的，持续的
crucial	*adj.* 至关重要的，关键的	financial	*adj.* 财务的
plenty of	大量，许多	commitment	*n.* 投入，献身，奉献
experienced	*adj.* 有经验的，老练的	ambition	*n.* 追求的目标，抱负
critical	*adj.* 至关重要的，关键的	availability	*n.* 有空，有时间
income	*n.* 收入，收益	stage	*n.* （剧场的）舞台
value	*v.* 重视，珍视	original	*adj.* 独创的，新颖的
dedication	*n.* 献身，奉献	parenting	*n.* 养育子女
creativity	*n.* 创造性，创造力	diet	*n.* 日常饮食
delighted	*adj.* 高兴的，愉快的	memory	*n.* 记忆力，记性
litter	*n.* 垃圾；废弃物	fitness	*n.* （身体）健康

拓展词汇

consideration	*n.* 必须考虑的因素	appeal to	对……有吸引力
imaginative	*adj.* 富于想象力的，创新的	instruction	*n.* 指示，命令
novel	*adj.* 新颖的，与众不同的	theatrical	*adj.* 戏剧的，剧场的
fundraising	*n.* 筹款	vulnerable	*adj.* 脆弱的，易受伤害的
collection box	募捐箱	initially	*adv.* 起初，最初
uphill	*adv.* 向山上，朝上坡方向	priority	*n.* 首要的事，最重要的事
vacancy	*n.* （职位的）空缺	conduct	*v.* 组织，安排，实施

文本解析

1 By the way, I hope you're all comfortable – we have brought in extra seats so that no one has to stand, but it does mean that the people at the back of the room may be a bit squashed. We'll only be here for about half an hour so, hopefully, that's OK. 顺便说一句，我希望大家都感到舒服——我们已经增加

了额外的座位，这样就没有人需要站着了，但这也确实意味着在房间后面的人可能会有些挤。我们只在这里待半个小时左右，希望（这样安排）没什么问题。back 在这里作名词，意为"后部，后面"。does 在这里用于动词 mean 之前，起到强调的作用。

2. Well, you can be as young as 16 or you can be 60 or over; it all depends on what type of voluntary work you want to do. Other considerations, such as reliability, are crucial in voluntary work and age isn't related to these, in our experience. 嗯，您可能只有 16 岁，也可能年龄在 60 岁以上，这完全取决于您想做什么类型的志愿工作。（相比于年龄）其他因素更为重要，比如是否可靠。根据我们的经验，这些和年龄没有关系。depend on 意为"取决于"，on 之后的 what 引导宾语从句。experience 在这里是不可数名词，意为"经验"。

3. What's more, training doesn't end when you start working for us – it takes place before, during and after periods of work. Often, it's run by other experienced volunteers as managers tend to prefer to get on with other things. 更重要的是，培训并不是在您开始志愿工作后就结束了——而是在工作之前、工作期间和工作之后都会进行。通常情况下，培训是由其他经验丰富的志愿者来组织的，因为管理人员往往更愿意去忙其他事情。What's more 用于引出和前面所说内容相关、但更为重要的信息。run 在这里意为"组织，运作"；as 在这里是"因为，由于"之意；get on with 意为"开始或继续做某事"。

4. It's up to you to decide if you can work without earning money. What we value is dedication. 是否接受没有金钱报酬的工作由您自己决定。我们看重的是奉献精神。第一句中的 be up to sb. 意为"由……决定"。第二句中的 What 引导主语从句。

5. If you have the creativity to come up with an imaginative or novel way of fundraising, we'd be delighted, as standing in the local streets or shops with a collection box can be rather boring! 如果您富有创意，能够想出新颖的筹款方式，我们会非常高兴，因为拿着捐款箱站在街上或者商店里（筹款）会相当无聊！come up with 意为"想出，提出（计划、想法等）"。

6. Volunteers who join this group can end up teaching others in vulnerable groups who may be at risk of injury. Initially, though, your priority will be to take in a lot of information and not forget any important steps or details. 加入这一群体的志愿者们最终将能够对那些面临受伤风险的人群做出指导。不过刚开始，您的首要任务是吸收大量的信息，不能忘记任何重要的步骤或细节。第一句中的两个 who 均引导定语从句，第一个定语从句修饰主语 volunteers，第二个定语从句修饰 others in vulnerable groups。take in 意为"吸收，理解"。

题目解析

答案速查： 11. C　12. A　13. A　14~15. B E　16. B　17. G　18. D　19. A　20. F

　　本节题目难度适中，由单选题 11~13 题、多选题 14~15 题以及搭配题 16~20 题组成。

⑪ 根据题干中的 apologise 可知需要听取说话者对座位表示歉意的地方。seats 一词原词重现。原文首先提到增加了座位，因此 no one has to stand，排除 B 选项。随后转折词 but 引出弊端，即 people at the back of the room may be a bit squashed，对应 C 选项的 very close together。原文中没有出现 apologise 的同义词替换，需要考生理解原文中 but 之后说话者在表示歉意，具体分析请参照前文"文本解析"第一句。

⑫ 题干关键词 age 容易定位。说话者首先提到志愿者从 16 岁到 60 岁以上均有，取决于工作内容，并没有提到大多数人都是 60 岁左右，排除 C 选项。接着提到 Other considerations, such as reliability, are crucial…，出现 B 选项中 reliable 的同根词，但并未对比年轻人与年长者谁更可靠，因此排除 B 选项。后文接着提到 age isn't related to these，即这些重要的因素和年龄无关，说明年龄不是很重要的因素，对应 A 选项。

13 题干中的 training 原词重现，容易定位。原文首先提到 all face-to-face，否定 C 选项。接着说到培训并不随着志愿工作的开始而结束，接着又补充说明 before, during and after periods of work，对应 A 选项的 continuous。后文中的 run by other experienced volunteers 以及 managers…get on with other things 可否定 B 选项。

14~15 通过题干可知需要选出志愿者申请志愿服务前需要考虑的因素。纵向对比选项可快速预测录音中将要出现的内容。题干中的 before、apply 等词原词重现。原文首先提到 don't worry about why…，即人们申请志愿服务的原因并不重要，所以紧接着提到的 different reasons 均可排除：首先提到 work experience，排除 C 选项；接着提到 just doing something they've always wanted to do，对应 D 选项的 ambitions，排除 D 选项。But 后的 it is critical… 提示答案可能出现，随后的 you have enough hours in the day 对应 E 选项的 availability。考生需要对 availability 一词表示"有空，有闲暇"这一释义非常熟悉。原文随后提到的 income 对应 A 选项的 financial situation，但 but 后的内容很快否定了这一选项。最后出现的 dedication 对应 B 选项的 commitment，需要考生熟悉这两个词均有"献身，奉献"的意思。

16~20

题号	题干	选项	原文
16	Fundraising	B original, new ideas	If you have the creativity to come up with an imaginative or novel way of fundraising, we'd be delighted, …
17	Litter collection	G a good level of fitness	…litter collection and for this it's useful if you can walk for long periods, sometimes uphill.
18	'Playmates'	D an understanding of food and diet	…, but it's good if you know something about nutrition and…
19	Story club	A experience on stage	…helping out at our story club for disabled children, especially if you have done some acting.
20	First aid	F a good memory	…your priority will be to take in a lot of information and not forget any important steps or details.

16 选项中的 original、new 在原文中替换为 imaginative、novel。creativity 一词也可帮助锁定选项 B。后文提到 shops，和 E 选项的 retail 有关系，但原文提到 shops 说的是募捐的地点，而非需要零售业的经验。

17 选项 G 中的 good level of fitness 对应原文的 can walk for long periods, sometimes uphill。

18 原文出现定位词后首先说 You don't need to have children yourself，排除 C 选项。D 选项中的 food and diet 直接对应原文的 nutrition。此题的同义替换方式比较容易识别。

19 选项 A 中的 stage 对应原文的 acting。后文的 performances 也可辅助验证该选项。

20 选项中的 good memory 替换为原文的 take in a lot of information and not forget any…。

Part 3 ▶▶▶

场景介绍

两名大一学生 Hugo 和 Chantal 就他们在时装设计课程中听到的演讲展开讨论。两人首先谈到了对演讲的感受，随后交流了对这一行业就业前景的看法。最后，两人回顾了主讲人分享的自己的第一份工作的经历，并就其经历谈论了自己的看法

必背词汇

competitive	*adj.* 竞争的，角逐的	client	*n.* 客户，委托人
struggle	*v.* 吃力地做，艰难地做	regret	*v.* 感到惋惜，懊悔
harsh	*adj.* 严厉的，无情的	negative	*adj.* 负面的，消极的
tough	*adj.* 艰苦的，艰难的	gap	*n.* 缺口，空白，漏洞
inspiring	*adj.* 鼓舞人心的	stock	*v.* 存货，储备
expert	*n.* 专家，行家	return	*v.* 退还
take up	开始从事	view	*n.* 视线
differ on	对……持不同意见	block	*v.* 挡住，堵住
prepared	*adj.* 准备好的	variety	*n.* 多样性，变化
admit	*v.* 承认	unfair	*adj.* 不公正的
dresser	*n.* 服装师	criticise	*v.* 批评，指责
apply for	申请	realistic	*adj.* 现实的，实际的
financial reward	金钱回报	dishonest	*adj.* 骗人的，靠不住的
appearance	*n.* 外貌，外表	employer	*n.* 雇主，老板
focus on	集中（精力、注意力）于	well known	出名的，众所周知的

拓展词汇

journalism	*n.* 新闻业，新闻工作	mean	*adj.* 不友好的，刻薄的
narrow-minded	*adj.* 思想狭隘的	retail	*n.* 零售
career-focused	*adj.* 以职业为重点的	manufacturer	*n.* 制造商，生产者
account	*n.* 描述，叙述	garment	*n.*（一件）衣服
fascinating	*adj.* 有吸引力的	fall apart	（被）撕破，散架

文本解析

❶ — It's hard to see through people's heads, isn't it?

— Impossible! Anyway, to answer your question, I thought it was really interesting, especially what the speaker said about the job market.

— 被（前面）其他观众的头挡住，就很难看到（演讲者）了，不是吗？

— 压根不可能（看到）！对了，针对你的问题，我觉得这个演讲很有意思，特别是演讲者关于就业市场的观点。第一句话为反义疑问句，回答时是肯定还是否定，要根据事实情况决定。此语境中女生想表达"前面有人挡住，没有办法看到演讲者"，回答是否定的，即用了 impossible 这一表示否定的表达。这里的 anyway 用于略去目前在讨论事情的细节，转到下一个话题，此用法在口语表达中很常见。

2 Yeah, but it looks like there's a whole range of...areas of work that we hadn't even thought of – like fashion journalism, for instance. 是的，但是似乎有各种各样我们之前甚至都没有考虑过的工作领域——比如时尚新闻业。a whole range of 意为"各种各样的"。that 引导的定语从句中动词使用了过去完成时，此处表示该动作发生在听演讲之前，即说话者之前没有考虑过这些工作。

3 — It was a bit harsh, though! We know it's a tough industry.
— Yeah – and we're only first years, after all. We've got a lot to learn.
— 不过，这话说的有些严厉啊！我们都知道这是个艰难的行业。
— 是啊——毕竟我们才大一，还有很多东西需要学习。though 用于句末，在口语中较为常见，意思是"不过，然而"，使句子的语气减弱。after all 意为"别忘记，毕竟"，用于解释或说明理由。

4 — Well, we had numerous talks on careers, which was good, but none of them were very inspiring. They could have asked more people like today's speaker to talk to us.
— I agree. We were told about lots of different careers – just when we needed to be, but not by the experts who really know stuff.
— 我们参加了许多职业方面的讲座，这一点确实很好，但那些讲座都没有什么吸引力。他们本可以邀请更多像今天这样的人来给我们做演讲。
— 我同意。我们（通过那些演讲）获取了许多不同职业的信息——也正是在需要这些信息的时候——但并没有通过真正懂行的专家来了解这些职业。could have done 表示"过去本可以做的事，但事实上却没有做"，可翻译为"本可以"。know stuff 通常表示对某个领域或者话题有相当的了解，可翻译为"精通，懂行"。

5 — Well, I promised myself that I'd go through this course and keep an open mind till the end.
— But I think it's better to pick an area of the industry now and then aim to get better and better at it.
— 我和自己承诺学完这门课程，并（对职业选择）保持开放的态度，直到课程结束。
— 但我认为最好现在就在这个行业选定一个领域，并努力不断提高自己在这个领域的能力。go through 在此处意为"做完某事，完成某事"。keep an open mind 意为"保持开放的态度""愿意听取或者接受其他的想法、意见""不忙于做出决定"。pick 在这里意为"选择，挑选"。第二句句末的 it 指代本句前面的 an area of the industry，即自己所选择的行业方向。

6 Well, as she said, she should have hidden her negative feelings about him, but she didn't. 唉，正如她所说，她本应隐藏自己对他的负面情绪，但她没有这样做。should have done 表示"过去本该做某事而实际未做"，在这里表达内疚、后悔的语气。

7 However, it would be useful to know if there's a gap in the market – you know, an item that no one's stocking but that consumers are looking for. 然而，了解市场上是否存在空白非常有用——你知道，那种消费者在寻找但却没有商家供应的商品。it 为形式主语，指代后文的 to know...in the market。两个 that 均引导定语从句，先行词均为 item。

8 Imagine you worked in an expensive shop and you found out the garments sold there were being returned because they...fell apart in the wash! 想象一下，你在一家昂贵的商店工作，然后发现那里出售的衣服因为在洗衣时撕破而被退回来了！imagine 后面使用虚拟语气，表示其后的内容是说话者假想的，并非真实情况，这种用法往往以祈使句形式出现。wash 在这里是名词，意为"洗，洗涤"。in the wash 表示衣服"正在洗"或者"刚洗过"。

题目解析

答案速查： 21. A   22. B   23. A   24. C   25. B   26. A   27~28. B E   29~30. A C

本部分由 21~26 单选题和 27~30 多选题组成。选择题干扰信息较多，且同一题目的选项信息在录音中乱序出现，需要充分理解题干问题，排除干扰。

㉑ 本题需要选择女生 Chantal 在演讲开始时遇到的问题。首先 Chantal 提到换座位之后就好多了，引出男生 Hugo 提问是否是旁边人在聊天影响了听演讲，对应 C 选项，但立即被女生否定。之后女生提及到得早有座位，否定 B 选项。but 转折词后引出真正的原因，即前面坐的男生太高，预判 A 选项。接下来 Hugo 的回应 It's hard to see through people's heads 以及女生的回答 Impossible 也可进一步验证 A 选项。

㉒ 本题需选出两人对就业市场的什么情况感到惊讶，即需要选出说话者之前没有预料到的事情。题干中的 job market 原词重现。随后男生先提到 A 选项的 competitive，但其中 we know 表示在意料中，否定 A 选项。后面得到女生肯定后，男生通过转折词 but 引出 B 选项内容，variety 替换原文的 a whole range of，之后提到 we hadn't even thought of，即之前没有想过，女生随后也说 I wasn't expecting so many career options，对男生的观点表示赞同。so many options 同样是对 B 选项中 variety 的替换。C 选项未提及。

㉓ 本题需要选出两人对主讲人传达的信息一致认同的方面。根据 a strong message 可定位。原文谈到主讲人认为学生们比较 narrow-minded，即思想狭隘，对行业认知有误解，可以联想到 C 选项的 critical，但 C 选项所说的是对行业的批判，而非对学生认知的批判。随后出现女生对主讲人的评价 a bit harsh，男生立刻表示赞同，并通过 after all 补充说明赞同的理由，对应 A 选项，即二人觉得主讲人对学生的评价有失公允。此题难度较高，需要理解正确选项和原文对话中体现的语气，请参考前文"文本解析"的第三句。

㉔ 在录音中听到 secondary-school 和 career-focused 时即可定位该题。男生首先提到 numerous talks on careers, which was good，可否定 B 选项。后文转折词 but 后引出男生觉得不太满意的地方，could have asked 表示过去本可以做却没有做，即男生希望中学的就业指导可以找今天这样的主讲人来做演讲，可初步确定 C 选项。随后女生表示赞同，并提到 just when we needed to be，否定 A 选项，but 之后提到了不满的方面，即演讲的人并不是懂行的专家，即可最终确定 C 选项。本题涉及的原文请参照"文本解析"第四句。

㉕ 题干中的 future 原词重现，男生提问听这个演讲是否会影响对将来工作的想法。女生首先回答说 keep an open mind till the end，即不想现在就做决定。男生的回答首先使用了转折词 but，随后通过 I think it's better... 表明自己的态度，即现在就选定职业方向，并致力于在这个方向越做越好。后续女生回答 differ on that issue，表示不赞同男生说法。两人有分歧的是何时决定职业方向，对应选项 B。

㉖ 本题需要选出男生 Hugo 的看法。题干中的 unpaid assistant 原词重现，随后男生说到 I'm prepared for that，即做好了准备，对应 A 选项的 realistic，也就是接受这个现实。

㉗~㉘ 本题需要选出主讲人承认自己的第一份工作所犯的错误。原文 admit 原词重现，但首先提到了第一份工作幸运的方面，并不是要听取的信息。接着女生谈到主讲人当时追求 experience 而非 financial reward，否定了 D 选项。随后男生提到 musician 不友好地指出主讲人 more interested in her own appearance than his，对应 B 选项。后文通过 she did realise he was right about that 表

示 speaker 后来也发觉 musician 指出的问题确实存在，可确定 B 选项为正确选项之一。接下来的对话中提到 she obviously regretted losing the job，后文提到 she should have hidden her negative feelings about him，即对 regret 进行了补充说明，对应 E 选项 openly disliking her client。should have done 意为过去本应做却未做，表示说话者对过去行为的后悔、内疚，即对应题目中承认错误，因此可确定 E 选项为另一个正确选项。

29~30 题干中的 retail 原词重现，需要选出二人都认为有用的信息。useful 一词先由女生说出，随后提到 how big or small the average shopper is，对应 E 选项的 size。但随后男生说他认为这是制造商的问题，而不是设计师的问题，否定 E 选项。however 后男生提出了自己认为有用的方面，即了解 gap in the market，并进行补充说明 an item no one's stocking but that consumers are looking for，随后女生表示赞同，可确定 C 选项为正确选项之一，选项中的 people 即原文中的 consumers。女生随后用 also 引出另一个方面，即 take things back to the store，对应 A 选项的 return，男生随后也表示赞同，并补充说明了退货的原因。随后女生通过 Yeah, it would be good to know... 再次表达赞同，即可确定 A 选项为另一个正确选项。

Part 4 ▶▶▶

场景介绍

本节介绍了非洲马拉维的大象迁移项目。由于种群数量过多，大象从马拉维的玛杰特国家公园被人工迁移至几百公里外的恩科塔科塔野生动物保护区。主讲人首先介绍了迁移大象的原因，接着详细介绍了迁移大象的过程，最后谈到了这一迁移工作带来的好处。

必背词汇

overpopulation	*n.* 人口过剩	position	*n.* 姿势，姿态
poacher	*n.* 偷猎者	side	*n.*（身体）侧面，一侧
hunger	*n.* 饥饿	breathing	*n.* 呼吸
knock down	推倒（建筑等）	employment	*n.* 就业；工作
fence	*n.* 围栏，栅栏	prospect	*n.* 前景，前途
belong to	是……的一部分，属于	weapon	*n.* 武器，兵器
helicopter	*n.* 直升机	conservation	*n.*（对环境的）保护
direct	*v.* 给……指路	tourism	*n.* 旅游业
plain	*n.* 平原	damage	*n.* 破坏，损坏
minimise	*v.* 使减少到最低限度	guide	*v.* 指引，引路
stress	*n.* 压力；（动物）应激	monitor	*v.* 监视，跟踪检查
chest	*n.* 胸部，胸膛	opportunity	*n.* 机会
crush	*v.* 压坏，压伤	reduction	*n.* 减少，缩小

拓展词汇

reserve	*n.*（动植物）保护区	tricky	*adj.* 难办的，难对付的
translocation	*n.* 迁移，转运	manoeuvre	*n.* 策略，手段
restock	*v.* 再补给，补充	dose	*n.*（药的）一剂，一服
enforcement	*n.* 执行，实施（法律等）	tranquiliser	*n.* 镇静剂
ranger	*n.* 园林管理员	suffocation	*n.* 窒息
designated	*adj.* 指定的	collar	*n.*（动物的）颈圈
dart	*n.* 飞镖	matriarch	*n.* 女家长，女族长
immobilise	*v.* 使不动	tusk	*n.*（大象等动物的）长牙

文本解析

1 In Malawi's Majete National Park the elephant population had been wiped out by poachers, who killed the elephants for their ivory. But in 2003, the park was restocked and effective law enforcement was introduced. Since then, not a single elephant has been poached. 在马拉维的玛杰特国家公园，大象曾一度灭绝，因为偷猎者会猎杀它们来获取象牙。但在 2003 年，该公园重新引入了大象并实施了有效的执法措施。自那之后，没有一头大象再被偷猎。wipe sth. out 意为"彻底消灭"，这里指大象被偷猎者全部杀光。

2 Firstly, there was more competition for food, which meant that some elephants were suffering from hunger. As there was a limit to the amount of food in the national park, some elephants began looking further afield. Elephants were routinely knocking down fences around the park, which then had to be repaired at a significant cost. 首先，食物竞争加剧了，这意味着一些大象可能会挨饿。由于国家公园内的食物有限，一些大象开始去更远的地方觅食。它们通常会撞倒公园周围的围栏，而随后的修复工作要花高昂的费用。as 在这里意为"因为"。further afield 意为"去远处"。routinely 意为"通常地，惯常地"。

3 A team of vets and park rangers flew over the park in helicopters and targeted a group, which were rounded up and directed to a designated open plain. 一支由兽医和公园管理员组成的团队乘坐直升机飞至国家公园上空，锁定一个大象群体，将它们集中起来并引导至指定的开阔平原。which 引导定语从句修饰 group，即大象群体。定语从句中使用了被动语态，were 后面跟着 rounded up 和 directed 两个并列动作。round up 意为"将……聚集起来"。

4 The vets then used darts to immobilise the elephants – this was a tricky manoeuvre, as they not only had to select the right dose of tranquiliser for different-sized elephants but they had to dart the elephants as they were running around. This also had to be done as quickly as possible so as to minimise the stress caused. 随后，兽医使用（麻醉）飞镖放倒大象——这是个棘手的操作，因为他们不仅需要为不同体型的大象选择合适剂量的镇静剂，而且还必须在大象四处奔跑时射中它们。此外，这一操作还必须尽快完成，以尽可能减少此过程引发的应激。different-sized 意为"不同大小的"，这里指大象的体格大小不同。第一个 dart 为名词，此处指的是装有麻醉药的麻醉飞镖。第二个 dart 是动词"投掷飞镖"的意思。stress 用于描述动物时一般指"应激"，即动物受到环境改变刺激时引发的一系列身体反应。

⑤ To avoid the risk of suffocation, the team had to make sure none of the elephants were lying on their chests because their lungs could be crushed in this position. So all the elephants had to be placed on their sides. 为了避免窒息的风险，团队必须确保没有一头大象是卧着的，因为这种姿势可能会让其肺部被压坏。因此，所有大象都必须被调整为侧卧的姿势。on 在这里意为"由……支撑着"，lie on 后接身体部位表示躺的姿势。此处的 lie on their chests 表示"俯卧"，lie on their sides 表示"侧卧"。

⑥ Their presence is also helping to rebalance Nkhotakota's damaged ecosystem and providing a sustainable conservation model, which could be replicated in other parks. All this has been a big draw for tourism, which contributes five times more than the illegal wildlife trade to GDP, and this is mainly because of the elephants. 它们（大象）的存在还可以帮助恩科塔科塔受损的生态系统恢复平衡，并提供了一种可持续的环境保护范例，可以让其他公园效仿。这一切都对旅游业产生了巨大吸引力，旅游业对 GDP 的贡献是非法野生动物贸易的五倍，而这主要归功于大象。draw 在这里是名词，意为"有吸引力的事物"。

题目解析

答案速查： 31. fences 32. family 33. helicopters 34. stress 35. sides
36. breathing 37. feet 38. employment 39. weapons 40. tourism

本节为报告类笔记填空题，需留意词数要求为 ONE WORD ONLY。录音语速较慢，题目整体难度适中。

③① 题干意为"对公园里的 _____ 造成破坏"。注意此处 to 为介词，需要填入一个名词。此题之前的录音内容较多，需要考生关注题干上方 competition 和 hunger 在录音中的原词重现，方可定位该题。题干关键词 damage 在原文中替换为 knocking down，随后出现答案 fences。需要注意填入名词的复数形式。

③② 根据本题上方粗体字小标题 process 可知描述的是迁移大象的过程。所以听到原文 how did the translocation process work... 可知此题即将出现。根据题干中的 same 可知需要抓取的信息为"组内大象来自同一个 _____"。根据 group of elephants 定位至原文 groups of between eight and twenty，后文出现 all belonging to one family，题干中的 same 替换为 one，随后出现答案 family。

③③ 本题根据 vets 和 park staff 定位。通过介词 of 判断答案为名词，根据句意可知需要填入所使用的工具。原文 vets 原词重现，park staff 替换为 park rangers，后文即出现交通工具 helicopters，根据随后的 directed to a designated open plain 与题干中 guide the elephants into an open plain 的同义替换也能再次确认答案。需注意单词拼写。

③④ 根据题干可知需填入 reduce 的宾语。题干上一行的 tranquilisers 以及本题题干中的 quickly 均原词重现，reduce 在原文中替换为 minimise，之后随即出现答案 stress。

③⑤ 根据题干句意可知需要填入一个名词。这里的 on 表示"（身体重量）由（某部位）支撑"，所以题干需要的信息为"大象需要被翻转到身体由 _____ 支撑（的姿势）"，avoid damage to their lungs 可用于定位。原文出现了干扰信息 on their chests，但前面有明显的否定词 none，可排除，也可根据随后所说的原因加以排除。原因句中出现定位词 lungs，damage 替换为 be crushed。随

后出现 had to be placed on their sides，即可得出答案为 sides。这里的介词 on 也可辅助确认答案。此题需要考生对 on 的这一用法比较熟悉，并且识别原文录音中的干扰。

36 根据题干可知填入名词，并且作 be monitored 的主语。monitor 在原文中替换为 keep an eye on，随后出现答案 breathing，需要注意拼写。

37 根据题干可知需要填入和 tusks 并列的名词。题干中的 size 在原文中替换为 large，随后出现并列词 and also，答案 feet 不难得出。

38 根据题干小标题可知此题需要关注大象迁移项目带来的好处。题干中的 opportunities 替换为 prospects，可知答案为 employment。

39 根据题干可知需要寻找和 poachers 并列的名词，二者数量都有所减少。根据 number 一词可知应填入可数名词复数形式。题干中的 reduction 在原文里并没有直接的近义词替换。考生需要理解录音中的 "Poaching is no longer a problem, as former poachers are able to find more reliable sources of income."，即由于很多 poachers 改行导致其数量减少，随后的句子中出现名词复数 weapons，"减少"可体现在原文 give up 这一词组中，并可通过后文 no longer of any use 辅助验证。本题对原文整体句意理解的要求较高。

40 题目关键词 GDP 可用于定位，但出现在答案之后。需要考生读题时理解句子整体结构和含义，避免因为等待关键词而错过答案。题干中的 increase 在原文中替换为 a big draw，随后出现答案 tourism。

Section 1 ▶▶▶

Questions 1~7

篇章介绍

体　裁	说明文
主要内容	关于干洗店衣服丢失或损坏的处理方式

必背词汇

responsible	*adj.* 负责任的	request	*v.* 请求，要求
sign	*n.* 标志，标牌	free	*adj.* 免费的
opposite	*adj.* 相反的	case	*n.* 诉讼；待裁决的案件
item	*n.* 一件商品（或物品）	court	*n.* 法庭
completely	*adv.* 彻底，完全	outcome	*n.* 结果
receipt	*n.* 收据	satisfied	*adj.* 满意的
refund	*v.* 退还，退（款）	opt out of	选择（从……）退出
originally	*adv.* 原来，起初	replace	*v.* 替代
complaint	*n.* 抱怨	damage	*v.* 损坏
compensation	*n.* 赔偿，赔偿金	up to	高达

认知词汇

legally	*adv.* 法律上来说	chain	*n.* 连锁商店
replacement	*n.* 替换，更换；替换品	independent	*adj.* 独立的
maximum	*n.* 最大量；最大限度	issue	*n.* 问题；担忧
oblige	*v.* 强迫，迫使	option	*n.* 选择
negotiate	*v.* 协商	dry cleaner	干洗店

试题解析

答案速查: 1. TRUE 2. FALSE 3. FALSE 4. TRUE 5. FALSE 6. NOT GIVEN 7. TRUE

题目类型 TRUE/FALSE/NOT GIVEN 判断题

题目解析 此类型题目注意区分 FALSE 和 NOT GIVEN 的区别,考生需要以原文内容为判断基准,切忌脑补。

1. Dry cleaners are generally responsible for items left with them, even if there's a sign saying the opposite.

参考译文	干洗店通常对放在店里的物品负责,即使店里贴了标语说不会负责。
定位词	responsible, sign
解题关键词	are generally responsible for
文中对应点	第二段:即使这家干洗公司标明他们对放在那里的物品不负责任,事实也不一定如此。他们不能仅仅通过贴标语的形式来逃避责任。 分析:原文说不能仅仅通过贴标语的形式来逃避责任,也就是说干洗店仍然需要对客户负责,题干中也是相同的表述,所以题目与原文含义一致,答案是 TRUE。
答案	TRUE

2. If the dry cleaner loses an item belonging to you, they should give you enough money to buy a completely new one.

参考译文	如果干洗店弄丢了你的物品,那么他们应该补偿给你足够买一个全新该物品的金额。
定位词	loses an item, enough money, a completely new one
解题关键词	buy a completely new one
文中对应点	第四段第一句:如果他们不得不支付更换损坏物品或丢失物品的费用,他们能够赔付的最大金额应是该物品的剩余价值,而不是全新物品的价值。 分析:原文说干洗店能够赔付的最大金额是该物品的剩余价值,而不是全新物品的价值,而题干说干洗店会赔付足以购买全新物品的金额,所以题目与原文表述矛盾,答案是 FALSE。
答案	FALSE

3. If you have the receipt for a damaged item, the company should refund the amount you originally paid for it.

参考译文	如果你有损坏物品的相应收据,干洗店应该按照最初购买金额进行退款。
定位词	receipt, a damaged item, the amount you originally paid
解题关键词	originally paid
文中对应点	第四段第二、三句:店家可能会要求你提供购买该物品时的消费证明,比如收据。接下来干洗店会根据物品的当前状态向你提供一个处置价格——你需要和他们协商这个费用。

	分析：原文说干洗店会根据物品的当前状态提供一个低于原价的数额，也就是说不会按原价赔付，而题干说干洗店应该按照最初购买金额进行退款，所以题目与原文表述矛盾，答案是 FALSE。
答案	FALSE

4. It may be possible to get support for your complaint from a dry cleaners' trade association.

参考译文	你也许能从干洗店的行业协会那里得到对于投诉不满的帮助。
定位词	get support, trade association
解题关键词	may be possible
文中对应点	圆点第一点：如果这家干洗店是行业协会成员之一，例如英国时装和纺织品协会，你可以向协会提出投诉，他们也许能帮助你。 分析：原文说类似于 UK Fashion and Textile Association（英国时装和纺织品协会）这样的行业协会也许能帮助客户，题干的意思也是如此，所以题目与原文表述一致，答案是 TRUE。
答案	TRUE

5. If you're offered too little compensation, you can request a free report from an independent organisation.

参考译文	如果得到的赔偿太少，你可以要求私立机构出具一份免费的报告。
定位词	a free report, an independent organisation
解题关键词	free
文中对应点	圆点第二点：你可以联系一家私立机构来了解你的问题并且出具一份报告，但这可能会很贵（通常花费约 100 英镑）。 分析：原文说私立机构出具报告的费用通常约 100 英镑，而题干说报告是免费的，所以题目与原文表述矛盾，答案是 FALSE。
答案	FALSE

6. Most people who take a case about a dry-cleaning company to court are satisfied with the outcome.

参考译文	大多数将干洗公司相关案件提交法庭的人都会对结果满意。
定位词	take a case to court, are satisfied with the outcome
解题关键词	are satisfied with the outcome
文中对应点	最后一段第一句：如果你已尝试以上方案但仍对结果不满意，你可以把此案提交法庭。 分析：原文确实说可以提交法庭，但没有说明提交法庭之后的结果是否令人满意，因此属于未提及情况，答案是 NOT GIVEN。
答案	NOT GIVEN

7. If an item was lost or damaged nine months ago, you can still take the dry cleaner to court.

参考译文	如果物品是在 9 个月前丢失或损坏，你仍可以将干洗店告上法庭。

定位词	nine months ago
解题关键词	still
文中对应点	最后一段第二句：提交法庭是有时间限制的——从你将该物品带到干洗店的时间算起，有最多六年的时间。 分析：原文说上法庭的时间限制最多是六年，题干所说的9个月在这个时间范围之内，因此可以将干洗店告上法庭，题目与原文表述一致，答案是TRUE。
答案	TRUE

参考译文

• 如果衣服在干洗店丢失或损坏，你该做什么 •

从法律意义上来讲，干洗店须对顾客放在店里的物件提供应有的照料。如果在此期间你的东西出现损坏或丢失，你可以要求赔偿。

即使这家干洗公司标明他们对放在那里的物品不负责任，事实也不一定如此。他们不能仅仅通过贴标语的形式来逃避责任。

只要你发现问题，需要联系干洗店并说明情况。他们也许会立刻给予赔偿。但若没有，你应该要求他们支付修理物品的费用，或者支付更换物品的费用（如果这个物品无法修理的话）。

如果他们不得不支付更换损坏物品或丢失物品的费用，他们能够赔付的最大金额应是该物品的剩余价值，而不是全新物品的价值。店家可能会要求你提供购买该物品时的消费证明，比如收据。接下来干洗店会根据物品的当前状态向你提供一个处置价格——你需要和他们协商这个费用。

如果这家干洗店是国内连锁店，那你可以联系总部的客服部，直接向他们说明情况。

如果这家干洗店拒绝赔付或赔付额太少，试试如下步骤：

· 如果这家干洗店是行业协会成员之一，例如英国时装和纺织品协会，你可以向协会提出投诉，他们也许能帮助你。

· 你可以联系一家私立机构来了解的问题并且出具一份报告，但这可能会很贵（通常花费约100英镑）。

如果你已尝试以上方案但仍对结果不满意，你可以把此案提交法庭。提交法庭是有时间限制的——从你将该物品带到干洗店的时间算起，有最多六年的时间。

Questions 8~14

篇章介绍

体　　裁	说明文
主要内容	读者和作者的交流小组介绍

必背词汇

share	*v.* 分享，共享	theme	*n.* 主题
feedback	*n.* 反馈	issue	*n.* 议题
genre	*n.* 体裁，类型	science fiction	科幻小说
available	*adj.* 可利用的，可获得的	fabulous	*adj.* 极好的，绝妙的
poetry	*n.* 诗歌	display	*v.* 陈列；展示
fiction	*n.* 小说	poem	*n.* 诗歌
suit	*v.* 适合	membership	*n.* 会员资格
constructive	*adj.* 建设性的	waiting list	候补名单
inspiration	*n.* 灵感	currently	*adv.* 现在，当前
formulate	*v.* 制定，规划，构想	full	*adj.* 满的

认知词汇

keen	*adj.* 渴望的，热衷的	feminist	*n.* 女权主义者
massive	*adj.* 巨大的	romance	*n.* 浪漫；传奇故事
fantasy	*n.* 幻想	toddler	*n.* 学步的儿童
adventure	*n.* 冒险	like-minded	*adj.* 志趣相投的
storyline	*n.* 故事情节	refreshment	*n.* 饮料，小食
character	*n.* 角色，人物	poet	*n.* 诗人

试题解析

答案速查： 8. A　9. F　10. B　11. C　12. F　13. E　14. B

题目类型 MATCHING

题目解析 注意特殊提示 You may use any letter more than once，即答案可以重复。注意原词陷阱。

8. Members of this group share ideas for the books they would like to read.

参考译文	这个小组的成员会分享一些有关于他们想读的书的想法。
定位词	share ideas for the books they would like to read
文中对应点	A 段的第二句：我们是一个和睦友好的团队，每个人都热衷于探讨我们最近阅读的内容，以及对接下来要读的书提出建议。 分析：题干中的 share ideas 对应原文中的 make suggestions，题干中的 books they would like to read 对应原文中的 what we should read next，题干与原文表述内容一致。 B 段虽然也提到了 suggestions，但与"想读的书"无关。
答案	A

9. It isn't possible for any new members to join this group at present.

参考译文	目前新成员无法加入该小组。
定位词	isn't possible, new members
文中对应点	F 段的最后一句：当前小组名额已满，但是欢迎任何感兴趣的朋友加入会员候补名单中。 分析：题干中的 isn't possible for any new members to join 对应原文中的 currently full 以及 waiting list，意味着该小组暂时已满，无法纳入新成员。
答案	F

10. You can get feedback on your own work from other members of this group.

参考译文	你可以从小组内的其他成员那里获取关于自己作品的反馈。
定位词	get feedback, other members
文中对应点	B 段的第一句：你想要和他人分享自己的写作以及听听其他人对于内容提升的建设性建议吗？ 分析：题干中 get feedback on your own work from other members 对应原文中的 share your writing with others and hear their constructive suggestions，注意 work 在这里不是"工作"的意思，而是"作品"，在本文指的是写作作品。
答案	B

11. This group focuses on stories belonging to just one genre.

参考译文	这个小组仅关注一种题材的故事。
定位词	just one genre
文中对应点	C 段的第二句：本小组欢迎所有喜欢探讨科幻小说主题和相关话题的男性和女性加入。 分析：题干中的 just one genre 对应原文中的 found in science fiction novels，意味着该小组所阅读的题材仅限于科幻小说。
答案	C

12. Work produced by members of this group will be available to the public.

参考译文	大众将可以阅读该小组成员所创作的作品。
定位词	available to the public
文中对应点	F 段的第二句：你将会在这里探索如何开发想象力，你所撰写的诗歌将在图书馆和网上进行展示。 分析：题干中的 work produced by members of this group 对应原文中的 your poems（你的诗歌），题干中的 will be available to the public 对应原文中的 will be displayed in the library and online，题干与原文表述一致。B 段虽然提到分享作品，但是是与组内成员分享，而不是 the public。
答案	F

13. This group doesn't read or write either poetry or fiction.

参考译文	该小组不会阅读或撰写诗歌或小说。
定位词	doesn't read or write, either poetry or fiction
文中对应点	E 段的第一句：该小组成员每个月会读一本超棒的商业书籍，之后我们会见面探讨。 分析：题干的意思是该小组的阅读和写作题材不涉及诗歌和小说，原文的意思是每个月都会阅读商业书籍，确实不涉及诗歌和小说，原文与题干相符。
答案	E

14. This group would suit someone who thinks they could write a book.

参考译文	该小组适合那些认为自己能写书的人。
定位词	could write a book
文中对应点	B 段的第二句：你是否有写书的想法但需要一些灵感才能下笔？ 分析：题干中的 someone who thinks they could write a book 对应原文中的 have you got a book inside you，唯一的区别在于原文是提问的方式，用一种广告语的方式吸引读者的注意力。F 段提及的虽然也是写作方面的创作，但是写的是 poems，而不是 book。
答案	B

参考译文

•————————— 读者和作家交流小组 —————————•

A Teenvision

这是一个面向 12~16 岁青少年的读书小组，小组成员会在每个月的最后一个周四碰面。我们是一个和睦友好的团队，每个人都热衷于探讨我们最近阅读的内容，以及对接下来要读的书提出建议。我们酷爱动作、幻想和冒险主题，但我们也试图囊括各种各样的题材。

B Creative writing workshops

你想要和他人分享自己的写作以及听听其他人对于内容提升的建设性建议吗？你是否有写书的想法但需要一些灵感才能下笔？自信一些，来我们这里定期研讨，一起构思故事情节和人物角色。我们这里对所有人开放——初学者和已经获得认可的作家都很欢迎。

C Books for now

我们会在每个月的第二个和第四个周一到各成员家里碰面。本小组欢迎所有喜欢探讨科幻小说主题和相关话题的男性和女性加入。我们讨论的书籍的写作时间通常始于 20 世纪 60 年代，其中包括女性主义科幻小说、数字朋克（未来世界的电脑科幻小说）和科幻传奇故事。

D Readers' book group

该小组在图书馆开设，面向家长开放，刚学会走路的小朋友也欢迎一起来。当家长们开展研讨会的时候，孩子们可以在儿童图书馆玩耍。该小组主要阅读不同题材的小说。图书馆会提供书籍。欢迎所有人——可以在我们的网站上查看下次研讨会的书籍。

E The book club

　　该小组成员每个月会读一本超棒的商业书籍，之后我们会见面探讨。在研讨会中，你将有机会和其他成员（都是志趣相投的商业女性）在一个放松的环境建立人脉关系。在这里，大家可以一起交流很多想法，还有饮料小食供应，非常有趣！

F Poetry writing group

　　该写作小组在图书馆开设，面向 12~18 岁的年轻诗人。你将会在这里探索如何开发想象力，你所撰写的诗歌将在图书馆和网上进行展示。该小组每两周的周六中午 12 点到下午 2 点碰面。当前小组名额已满，但是欢迎任何感兴趣的朋友加入会员候补名单中。

Section 2 ▶▶▶

Questions 15~22

篇章介绍

体　　裁	说明文
主要内容	机械起重设备介绍

必背词汇

equipment	n. 设备	crew	n. 技术人员团队
lift	v. 提起，吊起	present	adj. 在场，出席
properly	adv. 恰当地	barrier	n. 屏障，障碍物
construct	v. 建造	means	n. 方式，手段
bear	v. 写有，刻有	fault	n. 故障
mark	n. 标记	weakness	n. 不牢固
standard	n. 标准	manufacture	v. 生产，制造
document	v. 记录，记载	undergo	v. 经历，接受
instruction	n. 用法说明，操作指南	check	n. 检查
adhere	v. 坚持，遵守	establish	v. 设立，确定
prior to	在……前面的	carry out	开展，实施
inspect	v. 检查	consult	v. 咨询
qualified	adj. 具备资格的	object	n. 物品，物体
operation	n. 运转，运行，操作	appoint	v. 任命，委任
identify	v. 识别	verbal	adj. 口头的（而非书面的）
in place	在正确位置，准备妥当	likely	adj. 很可能的
proceed	v. 继续做		

认知词汇

relevant	*adj.* 相关的	assessment	*n.* 评估
crane	*n.* 起重机，吊车	touch-down	*n.* 降落，着落
secondary	*adj.* 次要的，从属的，辅助的	chain	*n.* 链条，锁链
precaution	*n.* 预防措施	sling	*n.* 吊索
class	*v.* 把……归类	shackle	*n.* 卸扣

试题解析

答案速查： 15. (CE) mark 16. tests 17. engineer 18. control measures 19. (lifting) crew
20. barriers 21. banksman 22. injuries

题目类型 NOTES COMPLETION

题目解析 注意题目要求 NO MORE THAN TWO WORDS，即每空只能填不超过两个单词。

题号	定位词	文中对应点	题目解析
15	be manufactured well	第二段前两句	题目：务必合规制造，例如，设备上有一个 _____。 原文：所有用于举起或移动重物的设备都应该合规制造。例如，带有 CE 标志的设备已按照国际标准制造。 分析：题干中的 must be manufactured well = 原文中的 should be properly constructed，题干中的 have...on = 原文中的 bearing。bear 在这里的意思是"写有，刻有"，空格处需要填一个可数名词作为答案。 因此，本题答案为（CE）mark。
16	before use	第二段第三句	题目：使用前也许需要接受 _____。 原文：另外，符合这些标准的设备将有相应的文字测试说明，使用设备之前应按照说明进行设备的测试。 分析：题干中的 before use = 原文中的 prior to using，题干中的 undergo = 原文中的 be adhered to。空格处需要填一个名词。此处可能误填 instructions，但设备应该接受检测，而不是接受说明。 因此，本题答案为 tests。
17	regular check	第二段最后一句	题目：也许需要通过一个 _____ 进行定期检查。 原文：某些类型的机械，如起重机，必须由有资质的工程师每六个月进行常规检查。 分析：题干中的 check = 原文中的 be inspected，题干中的 regular = 原文中的 on a six-monthly basis。空格处需要填一个可数名词单数作为答案，且根据句意，很可能是某个角色或某个仪器进行检查。因本题字数要求是不超过两个单词，考生可能会误填 qualified engineer，但空格前是 an，只能填写元音音素开头的单词。 因此，本题答案为 engineer。

题号	定位词	文中对应点	题目解析
18	establish, carry out, risks	第三段第二句	题目：（升降计划）被用来确认和开展面向任何风险的_____。 原文：升降计划是一种风险评估，仔细计算操作中可能发生的危险，并据此确定和实施管制措施。 分析：题干中的 establish and carry out = 原文中的 are identified and put in place，题干中的 risks = 原文中的 dangers。空格处需要填一个名词或者名词词组，作为"确认和开展"的对象。 因此，本题答案为 control measures。
19	'Tool Box Talk'	第三段第三句	题目：在"工具箱谈话"过程中，可以咨询一位_____。 原文：在进行任何升降动作之前，应与操作升降的人员团队讨论该计划，这个交流过程通常被称为"工具箱谈话"（TBT）。 分析：题干中的 during 和 'Tool Box Talk' 在原文中原词重现，题干中的 be consulted = 原文中的 be talked over with。空格处需要填一个可数名词单数作为答案。 因此，本题答案为（lifting）crew。
20	objects, doesn't pass over anyone's head	第四段第二句	题目：使用如_____之类的物品来确保重物不会从任何人的头顶经过。 原文：首先，如果需要在有工人或民众在场的地方移动重物，该区域必须有障碍物或其他方式来确保在负载移动时，没有人从下面经过。 分析：题干中的 load 在原文中原词重现，题干中的 doesn't pass over anyone's head = 原文中的 no one is allowed to walk under the load。空格处需要填 objects 的下义词作为答案。根据原文 barriers or other means 的表述可以得知 barriers 是 means 的下义词。 因此，本题答案为 barriers。
21	verbal directions, crane driver	第四段最后两句	题目：任命一名_____向起重机司机传递口头指令。 原文：第二，当用起重机搬运重物时，应该始终利用一个被称为"起重司机助手"的角色。由于起重机司机经常看不到重物，特别是在着陆时，这个助手可告诉他/她往哪个方向移动。 分析：题干中的 crane driver 在原文中原词重现，题干中的 verbal directions = 原文中的 tells，但该句中出现的信息是 this person，因此需要向前找指代对象。空格处需要填一个可数名词单数作为答案。 因此，本题答案为 banksman。

题号	定位词	文中对应点	题目解析
22	chains, slings, cause	最后一段倒数第二句	题目：（辅助升降设备）更可能导致 _____。 原文：链条、吊索、卸扣和索具都属于辅助起重设备，而且，也许有人会惊讶地发现，大多数事故都是由于这些物件的故障或不牢固而引发的。 分析：本题直接用题干 cause 定位会略有难度，因此可借助小标题括号里的内容（chains, slings），这两个词在原文中原词重现，题干中的 more likely to = 原文中的 most，题干中的 cause = 原文中的 due to。空格处需要一个名词作为答案。因此，本题答案为 injuries。

参考译文

• 机械起重设备 •

　　如果采取一些简单的预防措施，就能安全使用对于建筑和工程项目至关重要的起重设备。叉车、起重滑车、移动式和固定式起重机及其所有部件均归类为起重设备。

　　所有用于举起或移动重物的设备都应该合规制造。例如，带有 CE 标志的设备已按照国际标准制造。另外，符合这些标准的设备将有相应的文字测试说明，使用设备之前应按照说明进行设备的测试。某些类型的机械，如起重机，必须由有资质的工程师每六个月进行常规检查。

　　对于使用起重机的作业，必须准备一份正式的升降计划。升降计划是一种风险评估，仔细计算操作中可能发生的危险，并据此确定和实施管制措施。在进行任何升降动作之前，应与操作升降的人员团队讨论该计划，这个交流过程通常被称为"工具箱谈话"（TBT）。这对他们来说是一个重要机会，可以就自己在升降作业中所担任的角色提出疑问。

　　在搬运重物时，应该采取一些实际措施来防止事故发生。首先，如果需要在有工人或民众在场的地方移动重物，该区域必须有障碍物或其他方式来确保在负载移动时，没有人从下面经过。第二，当用起重机搬运重物时，应该始终利用一个被称为"起重司机助手"的角色。由于起重机司机经常看不到重物，特别是在着陆时，这个助手可以告诉他／她往哪个方向移动。

　　起重机等机械一般不会发生故障。然而，人们很容易忽视辅助设备的重要性。辅助设备是指那些在机械起重机和被提升重物之间的物件。链条、吊索、卸扣和索具都属于辅助起重设备，而且，也许有人会惊讶地发现，大多数事故都是由于这些物件的故障或不牢固而引发的。必须每六个月进行一次目视检查，从而确保吊索和卸扣没有磨损或损坏的迹象。

Questions 23~27

篇章介绍

体　裁	说明文
主要内容	处理客户投诉

必背词汇

strategy	n. 策略	accomplish	v. 完成
calm	adj. 镇静的，沉着的	purchase	n. 购买
argument	n. 争论，辩论	customer	n. 顾客，客户
fulfill	v. 履行；满足	handle	v. 处理，应付
complaint	n. 投诉，不满	solution	n. 解决方案
verbal	adj. 口头的（非书面的）	gesture	n. 姿态，表示
confrontation	n. 对抗，冲突	word-of-mouth	n. 口碑

认知词汇

smooth	adj. 圆滑的；八面玲珑的	annoyance	n. 恼怒，生气
professional	adj. 专业的	scripted	adj. 照稿子念的
manner	n. 态度；方式	genuine	adj. 真诚的，真心的
present	v. 提出，表示	take charge of	掌管，主管
combination	n. 组合	minimal	adj. 极小的，极少的
strength	n. 优势	upgrade	n. 升级；提高档次
respond	v. 回应	certificate	n. 证明
phrase	n. 短语	commit	v. 承诺，保证

试题解析

答案速查： 23. win 24. expectations 25. solution 26. policy 27. recommendation

题目类型 TABLE COMPLETION

题目解析 注意题目要求 ONE WORD ONLY，即每空只能填一个单词。

题号	定位词	文中对应点	题目解析
23	not, argument	第二段 第二句	题目：不要努力去 _____ 这个争论。 原文：以赢得冲突为目标是徒劳的。 分析：题干中的 not try to = 原文中的 aiming to...nothing，题干中的 argument = 原文中的 confrontation。空格处需要填一个动词原形作为答案。考生也可以利用上一条信息中的 not a direct attack on you = 原文中的 not personal 来帮助定位答案。 因此，本题答案为 win。

题号	定位词	文中对应点	题目解析
24	not fulfilled	第二段 第三句	题目：（客户）通常存在没有被满足的 _____。 原文：他／她通常是购买了不符合期望的产品、服务或二者的结合。 分析：题干中的 usually 在文章中原词重现，题干中的 not fulfilled = 原文中的 did not meet their expectations。根据空格后面定语从句中的 were，可判断空格中需要填名词复数。 因此，本题答案为 expectations。
25	cannot, until calm	第三段 最后两句	题目：（客户）直到冷静下来才会意识到 _____。 原文：当客户抒发了他们的恼怒情绪，而你却没有作出反应，他／她会逐渐放松下来。在能倾听你的解决方案之前，客户需要这样做。 分析：空格处需要填一个可数名词单数作为答案。 因此，本题答案为 solution。
26	your company's, complaints	最后一段 第二句	题目：确定你的公司在投诉方面的 _____。 原文：记住一点，你要知道在公司政策范围内，你能做什么，不能做什么。 分析：题干中的 be sure of = 原文中的 should know，题干中的 your company = 原文中的 the business you work for。根据所有格关系，寻找公司的什么内容，而文中的 of 结构可以表示这种逻辑关系。 因此，本题答案为 policy。
27	verbal	最后一段 最后一句	题目：（客户）也许会在未来做一个口头的 _____。 原文：像这样一个简单的动作可能会带来他人的口碑，然而，做出一个你无法兑现的承诺，只会让这个投诉继续延续。 分析：题干中的 verbal = 原文中的 word-of-mouth，都是形容词在修饰后面的名词。空格处需要填一个可数名词单数作为答案。 因此，本题答案为 recommendation。

参考译文

······· • 处理客户投诉 • ·······

当客户不满时，往往是有充分理由的。这里提供一些策略来帮助你以圆滑和专业的方式处理客户投诉。

当客户向你提出投诉时，请记住，这个问题不是针对你个人的。以赢得冲突为目标是徒劳的。他／她通常是购买了不符合期望的产品、服务或二者的结合。一名能控制个人情绪的员工在处理问题方面会处于优势地位。

让客户说他们需要什么。用诸如"嗯""我明白了""再和我说一些"这样的短语来回应，然后保持安静。当客户抒发了他们的恼怒情绪，而你却没有作出反应，他/她会逐渐放松下来。在能倾听你的解决方案之前，客户需要这样做。

当客户冷静下来，觉得你已经听到了他/她的立场，此时开始问问题。注意不要给出照本宣科的答复，而是利用这个机会开展一个真诚的对话，与客户建立信任。为了能更好地了解情况，尽可能获取更多细节。

控场并让客户知道你会如何来解决问题。记住一点，你要知道在公司政策范围内，你能做什么，不能做什么。成本可能极小——也许是在客户下次购买时进行简单升级，或者是一张小礼券。像这样一个简单的动作可能会带来他人的口碑，然而，做出一个你无法兑现的承诺，只会让这个投诉继续延续。

Section 3 ▶▶▶

Questions 28~40

篇章介绍

体 裁	说明文
主要内容	白鹳在百年后重返英国

必背词汇

feature	n. 特征，特色	delight	n. 高兴
landscape	n. 风景，景色	revival	n. 振兴，复苏
definitive	adj. 确定的；最权威的	observe	v. 观察
enterprise	n. 公司，企业单位	nest	v. 筑巢
arise	v. 出现	female	n. 雌性动物
inspire	v. 激励	breed	v. 交配繁殖
emotion	n. 情绪	juvenile	n. 幼鸟，幼崽
habitat	n. 栖息地	release	v. 释放
opposition	n. 反对，反抗	mature	adj. 成年的
creature	n. 生物	monarchy	n. 君主制
represent	v. 代表	unwilling	adj. 不愿意的
joy	n. 高兴，愉快，喜悦	reintroduction	n. 再引入

认知词汇

stork	*n.* 鹳	companion	*n.* 同伴
oak	*n.* 橡树	unrelenting	*adj.* 持续的，势头不减的
fellow	*adj.* 同类的	glimpse	*n.* 短暂的感受
rooftop	*n.* 屋顶	initiative	*n.* 倡议
shelter	*n.* 庇护所	reluctant	*adj.* 不情愿的
medieval	*adj.* 中世纪的	messy	*adj.* 肮脏的，凌乱的
menu	*n.* 菜单	chimney	*n.* 烟囱
banquet	*n.* 宴会	quarantine	*v.* 对……进行检疫
ominous	*adj.* 恶兆的，不吉利的	erect	*v.* 竖立
rebellion	*n.* 叛乱，反叛	empathy	*n.* 同感，共鸣
beak	*n.* 喙	affection	*n.* 喜爱，钟爱
hatch	*v.* 孵化	charismatic	*adj.* 有超凡魅力的
prospect	*n.* 展望，前景	triumph	*n.* 胜利

试题解析

答案速查： 28. vii 29. i 30. vi 31. iii 32. viii 33. ii 34. sticks 35. infertile 36. Poland
37. loyalty 38. D 39. C 40. A

Questions 28~33

题目类型 **LIST OF HEADINGS**

题目解析 此类型题目考查学生理解和把握段落大意的能力，也就是说，考生需要大致理解一个段落中每一句话的含义，再根据句与句之间的关联和这些句子组合起来共同表达的主题，得出对整段主题的理解，不能根据段落中的某一句话的细节表述而以偏概全。

28. Creatures which represent both joy and opposition

参考译文	代表着喜悦和反对的生物
定位词	both joy and opposition
文中对应点	Section A 的大意相对其他段落来说还是比较明朗的，在 Yet 出现之前，该段主要描述白鹳象征着希望与新生命，Yet 之后话锋突转，a symbol of rebellion 表明白鹳被认为是反叛的象征。如果考生不认识 rebellion 这个单词，通过 destroying them entirely 也能感受到政府对白鹳的负面态度。综合以上两方面信息，不难得出正确选项为 vii。

29. An enterprise arising from success in other countries

参考译文	因在其他国家成功而兴起的企业
定位词	success in other countries

文中对应点	Section B 第一句提到我们正忙于再野化项目，接下来描述该项目的相关细节：幼年白鹳的繁殖情况。虽然这对白鹳首次尝试繁殖失败，但人们对于明年的前景是抱有希望的，说明这项事业会持续进行下去。倒数第四句再次强调这是一个 project，且受到了一些欧洲国家的启发。紧接着提到这些白鹳是从波兰引入的，并在英国进行养育和繁殖，这些内容都在紧扣 arising from success in other countries 这个主题。因此正确选项应为 i。

30. A sign of hope in difficult times

参考译文	艰难时期希望的迹象
定位词	a sign of hope, difficult times
文中对应点	Section C 第一句表明在生态破坏的相关报道持续不断、势头不减的处境下，白鹳的回归让人耳目一新，这句话其实就是点睛之笔。第二句采用了相似的模式，重点表明这些复兴的瞬间非常重要。最后一句通过 BBC 一档节目以及生态学家的评论来紧扣本文白鹳回归的主题。因此，通过句与句之间的关联和这些句子组合起来共同表达的主题可知，正确选项应为 vi。

31. Support from some organisations but not from others

参考译文	有些组织提供了支持，有些组织没有
定位词	but not from others
文中对应点	Section D 第一句通过 yet 点题，表示进展并不顺利。紧接着引出下文，提到获得保护组织的支持出乎意料地困难。Section D 第一段最后两句通过 In addition 和 also 的进一步描述，充分说明有些组织出于对该项目的怀疑，不愿积极提供支持。因此正确选项应为 iii。

32. Storks causing delight and the revival of public events

参考译文	白鹳带来了喜悦和公共活动的再度盛行
定位词	delight, the revival of public events
文中对应点	Section E 前两句说明因栖息地遭到破坏等原因，白鹳数量急剧减少。第三句表明在白鹳重新引入的地方，大家的态度都是非常欢喜，并且复兴了一些历史节日。最后两句通过细节描述说明人们具体采取了哪些行动表达对于白鹳重返英国的热烈欢迎。因此正确选项应为 viii。

33. The hope that storks will inspire a range of emotions and actions

参考译文	希望白鹳会激起各种各样的情绪和行动
定位词	a range of emotions and actions
文中对应点	Section F 首段前两句就提出这个项目的驱动力就是期望白鹳的回归可以激起人们的同情和喜爱之情，但同时可能也会激发公众对广阔区域的担忧之情。Section F 第一段最后一句说明公众的反应非常热烈，用实际行动表明人们欢迎更多的白鹳回归。因此正确选项应为 ii。

Questions 34~37

题目类型 SUMMARY

题目解析 注意题目要求 ONE WORD ONLY，即每空只能填一个单词。

题号	定位词	文中对应点	题目解析
34	two white storks, Knepp Estate, a large oak tree	Section B 第一句	题目：去年春天，两只白鹳被观察到在克奈普庄园筑巢，将 _____ 放置在一颗巨大橡树的高处。 原文：因此，消失了这么久之后，当今年四月我们正忙于西苏塞克斯郡克奈普庄园的再野化项目时，一对白鹳在一棵巨大橡树顶枝上搭建了一个蓬乱的树枝窝，这让大家兴奋不已。 分析：题干中的 Knepp Estate 和 oak 在文章中原词重现，题干中的 large = 原文中的 huge，题干中的 two = 原文中的 a pair of，空格处需要填一个名词。考生可能会误填 nest，但题干中已出现 nesting，说明答案应该用来筑巢的具体材料。 因此，本题答案为 sticks。
35	three eggs, unfortunately	Section B 第二、三句	题目：雌性白鹳下了三个蛋，不幸的是，这三个蛋的结果是 _____。 原文：在这对白鹳坐在无人机镜头上之前，已拍摄到三个大鸟蛋。这些鸟蛋不能生育且没有孵化的事实并没有太令人失望。 分析：题干中的 three eggs 在文中原词重现，题干中的 unfortunately 表明事情的结果并不好，空格处需要填一个形容词，因此答案应该是在定位句附近出现的表示负面色彩的形容词。 因此，本题答案为 infertile。
36	two storks, bred in, after arriving in the UK	Section B 倒数第三句	题目：这两只白鹳在 _____ 被培育，抵达英国之后，与一些成年鹳和幼年鹳一起生活多年，之后会在克奈普放生。 原文：从波兰引入后，这些鹳与一群同样来自波兰的幼鸟鹳和几只受伤的、不会飞的成年鹳在一个六英亩的围栏里度过了三年中最幸福的时光。 分析：本题确实需要多加思考，定位词并不是非常直接，也体现了雅思阅读同义替换的灵活性和上下文语境的契合度。题干中的 these two storks = 原文中的 they，题干中的 were bred in = 原文中的 imported from。空格处需要填一个表示地点的名词，且根据原文可知当前这两只白鹳所在的地方是英国，那么在抵达英国之前的地方就是答案。 因此，本题答案为 Poland。
37	a sense of, new home	Section B 最后两句	题目：看起来其他白鹳对它们的新家正在产生一种 _____ 感。 原文：其他鸟儿已经表现出对该栖息地强烈的忠诚度。两年前，一只来自克奈普的小鸟飞越英吉利海峡抵达了法国，而今年夏天，它又回到了同伴身边。 分析：题干中的 other storks = 原文中的 other birds，题干中的 their new home = 原文中的 the site。空格处需要填一个名词，且与感觉有关。 因此，本题答案为 loyalty。

Questions 38~40

题目类型 MULTIPLE CHOICE

题目解析 雅思阅读中有些选择题会直接告知考生应去哪一段找答案，然而，出题方之所以如此慷慨，是因为考生要阅读多个选项，一一对应原文进行细节描述的辨析，并排除混淆选项的干扰而选出正确答案。

题号	定位词	文中对应点	题目解析
38	Section A, in the past	Section A 第六、七句	题目：在 Section A，我们了解到过去人们认为白鹳 _____ 选项 A：代表冬天厚厚的雪和寒冷的日子。原文并未提及。 选项 B：有能力确保宝宝安全出生。原文只是提到了新生命，但没有提到宝宝是否安全出生的事情。 选项 C：是一种只有非常富有的人才可以吃的特色菜。原文提到白鹳会出现在中世纪的菜单上，但没有提及是否只有富有的人才能吃。 选项 D：可能被用于鼓励人们摆脱君主制。Section A 第六、七句说道：然而，它们与重生的关联性也同时意味着它们成为了反叛的象征。1660 年，国王查理二世复辟后不久，议会盘算着加大力度彻底杀死鹳类，因为担心它们可能会助长共和主义重生。原文与 D 选项表达意思一致。 因此，本题答案选 D。
39	Sussex Wildlife Trust, unwilling, because	Section D 第三句	题目：苏塞克斯野生动物信托委员会不愿意支持白鹳是因为 _____ 选项 A：它认为当地也许没有安全的繁殖地点。原文未提及相关内容。 选项 B：它担忧白鹳是否能在英国存活足够长的时间。原文未提及相关内容。 选项 C：它不确信白鹳是否真的是当地物种。Section D 第三句明确表示该委员会对白鹳是否为英国鸟类提出质疑，与选项内容表述一致。 选项 D：它有太多其他值得支持的项目。原文未提及相关内容。 因此，本题答案选 C。
40	one effect, in Europe	Section E 最后三句	题目：在欧洲重新引入白鹳带来的影响是什么？ 选项 A：（人们）采取各种各样的措施打造鸟巢筑造点。原文 Section E 后半段确实列举出一些人为了打造鸟巢筑造点采取的不同措施，例如在高速公路旁竖起筑巢的柱子等，所以选项 A 的描述符合原文信息。 选项 B：一些主干道的路线发生变化。原文并未提及。 选项 C：搭建特殊庇护所用于在糟糕的天气保护白鹳。Section E 最后一句确实提到寒流天气，但村民所做的举动是让白鹳进入他们的家。选项内容与原文表述不符。 选项 D：一些人加固了他们的屋顶来支撑白鹳的重量。原文并未提及。 因此，本题答案选 A。

参考译文

·数百年之后白鹳重返英国·
这些美丽的鸟将再次成为英国风景的一大特色

A 最后一对白鹳在英国成功繁殖的确切记录是在 1416 年，它们来自爱丁堡圣吉尔斯大教堂的一个鸟巢。没有人知道为什么鹳会从我们的国家消失。它们经常出现在中世纪宴会的菜单上，所以我们可能，很简单，把它们都吃光了。但可能有一个更不祥的原因。鹳是冬季结束后抵达的候鸟，在屋顶筑巢，与人类相处愉快。正因如此，它们一直是希望和新生命的象征。然而，它们与重生的关联性也同时意味着它们成了反叛的象征。1660 年，国王查理二世复辟后不久，议会盘算着加大力度彻底杀死鹳类，因为担心它们可能会助长共和主义重生。那个时候尽管鹳很罕见，但仍有一些幸存。庆幸的是，这种观念现已消失，鹳仍保留着与新生命的关联性，它以喙里叼着一个托着婴儿的吊兜的形象出现在庆祝新生儿到来的卡片上。

B 因此，消失了这么久之后，当今年四月我们正忙于西苏塞克斯郡克奈普庄园的再野化项目时，一对白鹳在一棵巨大橡树顶枝上搭建了一个蓬乱的树枝窝，这让大家兴奋不已。在这对白鹳坐在无人机镜头上之前，已拍摄到三个大鸟蛋。这些鸟蛋不能生育且没有孵化的事实并没有太令人失望。这对白鹳现在只有四岁，而鹳可以活到三十岁以上，通常它们第一次尝试繁殖都会失败。但展望明年，是鼓舞人心的。这些年轻的鹳是重新引入项目的一部分，该项目旨在将这一物种带回英国，灵感来自欧洲国家的其他放归项目，这些国家的成果已经远超目标。从波兰引入后，这些鹳与一群同样来自波兰的幼鸟鹳和几只受伤的、不会飞的成年鹳在一个六英亩的围栏里度过了三年中最幸福的时光。其他鸟儿已经表现出对该栖息地强烈的忠诚度。两年前，一只来自克奈普的小鸟飞越英吉利海峡抵达了法国，而今年夏天，它又回到了同伴身边。

C 面对持续报道的生态损失（联合国估算全球有 100 万物种濒临灭绝），白鹳的回归是一个令人振奋的消息。当成千上万的人在证实日益严重的气候危机以及生态焦虑持续困扰着我们的时候，这些复兴瞬间是很重要的。今年 6 月，BBC 一档叫做《春日观察》（*Springwatch*）的电视节目对这些鹳进行了专题报道，生态学家克里斯·帕克汉姆将该项目描述为"富有想象力的、智慧的、进步的、实用的"。

D 然而，白鹳在英国的复兴之路并不平坦。获得保护组织的支持出乎意料地困难；一些组织被自己的倡议压得喘不过气来，而另一些组织则根本不愿意冒险。此外，苏塞克斯野生动物信托委员会对鹳曾是一种英国鸟类提出质疑。他们还担心英国繁殖的鸟类会迁徙到英吉利海峡对岸，担心它们杂乱的鸟巢以及与人类的亲密关系会带来危险——垃圾会从人们的烟囱里掉下来。

那么，重新引入项目是如何成功开展的呢？该项目之所以在某些方面很特别，是因为它不得不依赖于私人支持：自己建造引种围栏，自费饲养鸟类。来自罗伊·丹尼斯野生动物基金会等微小却坚定的保护慈善机构的专业知识——它们成功地向英国重新引入鹗和白尾鹰——受到了极大的欢迎。科茨沃德野生动物公园对来自波兰的鸟类进行了检疫隔离，并通过自己训练有素的工作人员和优良设施继续管理并承担圈养计划的费用，事实证明，这一支持是无价的。

E 放眼整个欧洲，由于湿地水分流失以及富含昆虫的牧场及草地的消失，鹳的数量明显减少。几年前，在白俄罗斯的一个村庄，一位泪流满面的老妇人向我展示了她屋顶上的鸟巢。在人们的记忆中，这是第一次失去白鹳。在鹳被重新引入的地方，它们受到了极热烈的欢迎，一些历史上与鹳相关的节日也得到了恢复。西班牙人在高速公路旁竖起了筑巢的柱子。在阿尔萨斯，房主们安装了车轮，让鹳在屋顶上筑巢。在去年三月保加利亚的一场寒流中，村民们甚至让白鹳进入他们的家。

F 在英国，这个项目背后的驱动力是希望鹳的回归能激起市民们在看到屋顶白鹳巢穴后的那种同情和喜爱之情。它们可能也会激发公众对更广阔区域的担忧之情，在那里它们会飞去吃蚯蚓、蚱蜢和青蛙。白鹳是那种有超凡魅力的物种，它将城市社区与景观重建紧紧联系在一起。当然，这里的人们曾经很爱它们。我们当地村庄的名字，斯托灵顿，最初是"Estorcheton"，意为"鹳鸟之家"。公众的反应相当热烈，大家成群结队来看白鹳自由翱翔，这是英国几百年来的第一次。与此同时，拥有私人土地的地主们都抢着要提供更多的引入地点。

英国上空白鹳的翱翔是一场用实际行动战胜了官僚主义、利己主义和消极态度的斗争。

Writing Task 1 ▶▶▶

题目要求

见《剑桥雅思官方真题集 18 培训类》P29

审 题

一位说英语的朋友想麻烦你帮忙完成一个他 / 她正在做的关于不同国家如何庆祝新年的大学项目。

给这位朋友写一封信。在信中：

- 说说新年对你国家的人们多重要
- 描述你们国家如何庆祝新年
- 阐述你喜欢自己国家新年庆祝活动的地方

写作思路

确定语气

题目要求给朋友写信，所以首先明确信件的语气是非正式的。而且，从写作要求 Begin your letter as follows: Dear... 而不是 Dear Sir or Madam，我们也可以看出这篇文章不需要使用过于正式的表达。

题目整体分析

本题要求考生介绍自己国家的新年庆祝活动，那么首先考生需要确定作文中要描述的基本信息，如名称、庆祝时间和假期长度等。在此以中国的春节为例，考生要首先介绍中国春节的英文名称（Chinese New Year or the Spring Festival），庆祝时间以农历为准（according to the lunar calendar），具体的庆祝时间通常是一月和二月（falls between January and February），国家的法定假日是 7 天（a seven-day long holiday）。接下来需要注意的是介绍中国春节时涉及的一些描述，饺子在英文中常用 dumplings 表示，而没有具体英文单词对应的中文也不需要翻译成英文，可直接用拼音加上英文解释表达，比如对联（Dui Lian, two pieces of paper with Chinese sayings on each side of a door to a family's home）。最后，要注意春节庆祝活动很多，考生只选择 1~2 个重要的活动即可，否则无法在规定时间内完成写作（书信写作建议在 20 分钟内完成）。

全文结构

本题题目中朋友已经向考生请求帮助，所以在作文开头加上"你在上一封信里描述的大学项目听起来很有意思，并且我很高兴能给你提供一些帮助。"这样的回应会使得回答更加自然。用英文可以写成：

Dear Leila,

I'm glad you wrote, it's great to hear from you. The project you described sounds very interesting, and I'm very happy that I can help you with that.

考生回应好朋友的信件之后，需要分段回应写作要点。

要点一：描述春节的重要性。考生不能从个人角度出发，因为题目的关键词是 to people in your country（你国家的人们）。例如，对很多中国人来说新年是扫除旧年厄运，迎接新年好运的时刻（the time to sweep away the bad luck of the past year and to embrace good fortune of a new year）。另外，这也是游子归家、家人团聚的时刻（travel back to their hometowns to have a family reunion）。

要点二：描述春节的庆祝方式。有的考生因为熟悉话题，所以描述可能会较为随意，导致文章流畅性较差。这里建议考生可以按照时间顺序进行描述，包括除夕当天到大年初一到假期剩余的几天。考生可以简要概括常见的庆祝活动（On Chinese New Year's Eve—On the first day of the celebration—the following days），这样既能展现考生写作的流畅性，也方便考官理解整个庆祝过程。

要点三：描述 1~2 个自己最喜欢的庆祝活动，并解释其原因。例如，考生可以描述喜欢和家人一起包饺子、包汤圆或者做饭等活动，因为这些活动能让他们度过欢乐的家庭时光（spend quality time with the family）。

考官作文

见《剑桥雅思官方真题集 18 培训类》P131

参考译文

亲爱的米娅：

我很开心收到你的信件，你的项目听起来非常有趣。我很乐意能告诉你一些关于越南元旦节的事情。

Tet 是元旦的缩写，这是我们依据农历过的新年。元旦是春天的第一天，通常在一月或者是二月庆祝。这对我们来说非常重要因为这是一次家人团聚的机会，并且我们会去给祖先扫墓。这也许是越南最大的节日，也是一个公共假日。我们认为如果新年第一天有好事情发生，全年都将会充满福气。

我小时候总是很喜欢这个节日，因为我会得到一个来自家里长辈给的装有钱的红包。现在，我喜欢在元旦假期里拜访朋友和亲戚，并在这个时候享受美味的糖渍水果。

我希望这能对你有所帮助。如果还有什么想知道的，也可以问我。

祝好

注：本书写作部分的"参考译文"与《剑桥雅思官方真题集18培训类》中的"考官作文"对应，采取直译的方式，保留了考官作文中的错误及不当之处，方便读者参考对照。有关文中错误的订正，详见后文的具体分析。

分 析

★另一位考官对此考官作文的点评

此篇考官习作没有打分，以下是考官评语的翻译。

这是一篇对题目的充分回应。考生在文中第二段回应了题目前两个要点，接着在第三段回应第三个要点，但是考生可以提供更多关于如何庆祝新年的信息。考生提及（the biggest festival...public holiday），但是没有给出如何庆祝的细节。

文中热情的语气对于这封给朋友的信件来说是非常合适的，并且行文推进清晰。文中使用了一些恰当的衔接手段（according to / because / Now）。但是在第二段中，大部分的句子都是以 It's 开头，所以，使用更多的衔接手段能提高整体的回答。

考生在文中使用了一些不常见的词汇和搭配（come together / good things happen），但是词汇可以更加丰富一些。同样，文中使用了一些语法结构，包含条件状语从句（if），但是整体上来看，复杂句式有限，皆以简单结构以及短的、复合句为主。总的来说，这是一篇合适的回应。如果要提高分数，需要使用更多的衔接手段和更加多样的语法结构。

★解读考官点评

行文语气方面

点评的考官没有对该考官习作进行评分，也没有使用"a good example of a high-level response"这一出现于大作文习作点评的措辞。这可能表明，在点评考官看来，这篇考官习作仍有一些需要改进的地方。然而，点评考官对这篇考官习作的行文语气给予了极大的肯定（the enthusiastic tone is just right for a letter to a friend）。考生们在备考时，应把常考的邮件/信件类型做个分类，如果是给朋友的信件，则可以积极模仿此考官习作的表达，例如，"It's great to hear from you; your...sounds really interesting. I'd happy to tell you about..."。

任务完成和衔接方面

考官习作满足所有的写作任务要求，点评的考官使用了 a full response to the task 表达了肯定。备考时，考生们要锻炼审题能力，尽量做到能针对题目中三个要点进行快速的分析并构思相应的内容。点评考官指出该习作缺少了一些充分的展开，比如文中提及 a public holiday，但是没有相应的展开。这也提醒考生们要注意，当给出一个较为抽象的名词或者不够具体的信息时，可以利用一个 How 和五个 W 给出更多的内容。例如，a public holiday 我们可以思考：How long does the holiday last? What are some typical activities that people engage in to celebrate the holiday? Where is the most popular destination for people to celebrate the holiday or where do most people choose to go or stay to celebrate the holiday? When are the majority of the holiday's activities scheduled to take place? Who do people spend this holiday with?

考官习作中的衔接手段运用不够到位。点评的考官指出文中仅有一些合适的连接表达，例如 according to，because，now。第二个段落中的句式重复度也很高，多以 It's 句式为主。考生们在备考时，要注意积累更多的衔接手段，包括多使用代词以及关键词等。

词汇及语法方面

此考官习作中使用了一些不太常见的词汇，也有一些比较地道的搭配。但是，点评的考官也指出了词汇可以更加丰富一些。如果考生们在备考类似的节日庆祝的话题，可以注意积累相关的话题词汇，例如 turn over a new leaf（翻开新的一页），gather together for a big feast（团聚吃大餐），ward off evil spirts（祛除厄运）。此考官习作的语法多样性也略显不足，只使用了简短的复合句。

考生们从此篇点评中可以看到，即使是考官提供的雅思写作信件类范文，如果不按照评分标准完成写作，也得不到高分。不管平时英语的输入和输出量有多大，考前练习和反馈还是十分有必要的，因为及时和有针对性的反馈可以更快地帮助考生提高整体的写作分数。

Writing Task 2 ▶▶▶

题目要求

见《剑桥雅思官方真题集 18 培训类》P30

审 题

一些人认为在大公司里工作比在小公司好。

你同意还是不同意？

写作思路

审题之后，考生可以明确题目是常考的同意不同意题型，开头段和结尾段都应清晰表明自己的态度，便于考官明确文章立场。本文可以采用有三种不同的立场。

立场一：同意题目所给观点。使用 2~3 段主体段分别描述跟小公司相比，大公司在工资和福利以及职业发展培训方面的优势。

立场二：不同意题目所给观点。使用 2~3 段主体段分别描述跟小公司相比，大公司在 2~3 个方面突出的优势。

立场三：大公司和小公司都不错，主要看个人选择，但是整体上大公司可能更适合大部分人。主体段 1 分析跟小公司相比，大公司的优势；主体段 2 分析跟大公司相比，小公司的优势，同时指出小公司的问题也很多。

考生在审题时要重点关注题目中的关键词 better，明确行文中需要使用比较级和对比的表达，对比在大公司和小公司工作的优缺点，比如，higher salaries、more bonuses、compared with....。接下来，考生要根据自己的立场，构思相应的利弊和拓展内容。

在大公司工作的优势主要可以从金钱、假期、职业发展培训方面进行讨论。金钱方面不仅仅指的是 salaries（薪水）、year-end bonuses（年终奖）还有 free food and gym membership（免费食物和健身房会员）。再看假期方面，通常大公司的带薪假期更长，除了法定节假日之外，还有 paid annual leave（带薪年假），extended parental leave（额外的父母育儿假）。最后，大公司给员工提供的职业发展培训机会更多（more training programmes）。

考官作文

见《剑桥雅思官方真题集 18 培训类》P132

参考译文

求职者通常会疑惑在大公司工作更好还是小公司更好。我个人更倾向于在大公司上班，但是我还是想先考虑两者的利弊。

总的来说，大公司可以更高效地给他们的员工提供帮助，因为它们能获得更多的资源。这些资源包括更高的薪水、年终奖和其他的福利，比如丰富的餐饮服务，甚至还有运动设施。大公司也可以通过提供定期的会议和培训课程，给你更多的职业发展机会。

一家大企业的规模也是其成功的一个标志，这意味着它可以提供更强的稳定性。同时，大公司里有很多的部门和一个更大的管理体系，这可以给员工们提供更大的晋升机会和职业发展机会。当然，发展的机会不是那么容易获取，因为当很多员工都在争夺同一个职位的时候你很难脱颖而出。

在小公司里，你可能不会觉得自己只是一个数字，而且你的努力确实能产生影响。同时，你也要身兼数职，这可以帮助你掌握不同的职业技能，而这在大公司里是不太可能实现的。但是在小公司工作的坏处是，更有可能接触紧张的关系，因为跟同样的一群人每天那么近距离工作是十分具有挑战性的。小公司也更不稳定。如果他们失去了一个大客户或者消费者喜好变了，你的职位可能会突然变得岌岌可危。

综上所述，我认为想在什么公司工作取决于个人偏好，但是在大公司里，你的未来职业前景会更好。

分　析

★另一个考官对此考官作文的点评

此篇考官习作没有打分，以下是考官评语的翻译。

这篇习作回应了写作任务的两个部分，包含了两个工作场所的利弊分析，同时给出了一些有用的细节和充分论证的论点。论点的排序逻辑合理，总的来说整篇文章的行文连贯流畅。

文章中运用了一系列的连词（Of course / Based on the above），还有其他衔接手段（both / your / their / which），这使得文章易于阅读。分段也较为合理，开头和结尾独立成段。但是，文章的第二段和第三段最好可以合并成一段，因为它们都是回应"大"公司的内容。

文章的词汇使用很丰富，运用了一些地道且复杂的词汇表达（vying for / wear different hats / strained relationships）。语法结构也丰富多样，且准确无误。文章中使用了多种语法结构，例如复杂的多重从句中有情态动词结构（can / may / could）和条件句（if）。语法错误很少。

这篇习作是一篇高分回应范本。

★解读考官点评

得分

考官并没有给同事的习作进行打分，但是给出了高度评价（a good example of a high-level response）。但是，对比考官点评和雅思考试写作评分标准，我们会发现考官并不认为同事的习作在四个方面评分标准下都能拿到满分。接下来，我们将逐一分析考官评价中的四个方面。

任务回应

雅思考试写作评分标准中显示，满分的任务回应要做到全面地回应各部分写作任务，即就写作任务中的问题提出充分展开的观点，并提出相关的、得以充分延伸的以及论据充分的论点（fully addresses, fully developed, fully extended）。但是，在此篇考官习作中，考官点评并没有出现 fully，也没有出现高分标准的 sufficiently，评语仅为 covers both aspects of the task。这说明点评的考官认为该考官习作回应不够充分。这对考生备考有什么启示？笔者认为，此考官习作没有清晰地直接回答问题，导致此习作在任务回应方面没有得到最高评价。题目问的是考生是否同意在大公司工作比在小公司工作好。虽然考生可以对比在两种公司工作的利弊（就如本考官习作一样），但是也会面对同样的风险——就是论证不够充分。换句话说，想要描述的内容太多，既要描述好处又要描述坏处，而且是两种公司都要描述，那么这样的风险就是论点都是点到为止，缺乏充分的拓展。话虽如此，本习作中有很多跟工作话题相关的论点，考生们可以多多积累，也可以模仿类似的结构或者使用完全支持的结构完成其他相关题目的练习。

连贯与衔接

与"任务回应"类似，此考官习作在"连贯与衔接"方面并没有得到高分点评。满分的评语是"衔接手段运用自如；熟练地运用分段"（uses cohesion in such a way that it attracts no attention; skillfully manages paragraphing）。然而，考官点评中并没有出现这些表达。这说明在考场上，要能做到衔接手段运用自如确实很难，但是考生们依然可以通过使用一系列的连词和衔接手段达到高分的要求。点评的考官首先指出此考官习作使用了一系列的连词。连词是用来连接不同段落的，比如考官在结尾段用的 Based on the above，以及我们常用的 In conclusion 都是连词。主体段也可以使用 However 来连接段落，说明该段与前文的关系是转折 / 反驳。衔接手段通常是用来衔接段内和句间的内容，衔接手段通常不会特别吸引读者的注意力，因为大部分的衔接手段是 pronouns（代词）、conjunction（连接词）和某些词汇的重复。

词汇丰富程度

高分的词汇评分准则之一就是"能自然地使用并掌握复杂的词汇特征"。"自然、复杂的"在英文的评分标准中就是"natural and sophisticated"。考官点评中也正是使用了"natural and sophisticated examples"，这说明该考官习作使用的词汇确实非常优秀。考生们可以归类学习这些词汇。

本文出现的词汇	构词方法	可以积累的表达
job seekers 找工作的人	verb-er 描述某种人	provider（提供者） cinemagoer（去电影院的人） holidaymaker（度假的人）
wear different hats 有不同的职责 / 技能	verb + 服饰 构成习语	tighten your belt（勒紧裤带，省吃俭用） roll up your sleeves（捋起袖子准备行动） be in sb.'s shoes（处于某人的境地） step in sb.'s shoes（取代某人；接替某人的工作）
strained relationships 紧张的关系	verb-ed + noun. 描述某事物 / 情形	heightened awareness（增强意识） stimulated creativity（激发创造力） increased confidence（增加自信心）

语法多样性及准确性

点评的考官对于此考官习作的语法评价较高，使用了高分评分标准中的 flexible and accurate。虽然本文没有达到满分的 "uses a wide range of structures"，仅有 "a range of structures"，考生们还是可以从本文中学习一些常用的语法结构。点评考官指出文中使用了情态动词结构（can / may / could）。考生们可能会疑惑情态动词很简单，为什么会得到考官点评表扬呢？其实，在英文写作中，情态动词的使用说明写作的人考虑到不确定性，承认可能存在的不确定性在英文写作中很重要，因为这能避免给出错误的、误导人的断言。所以，考生在备考时可以多多尝试使用类似于本篇考官习作中出现的句式：these could include...，There is also a better chance for...，sth. may not come easily，doing sth. can be challenging，sth. can also be unstable，这些能让行文读起来更有可信度。

Test 1

Speaking

Part 1 ▶▶▶

第一部分：考官会介绍自己并确认考生身份，然后打开录音机或录音笔，报出考试名称、时间、地点等考试信息。考官接下来会围绕考生的学习、工作、住宿或其他相关话题展开提问。

话题举例

★ Paying bills

1 **What kinds of bills do you have to pay?**

Well, as an adult living in China, I have to pay *a bunch of* bills to *keep my life going* smoothly. For example, I need to *take care of* my rent, my *utility bills* for electricity, gas, and water, my phone and internet bills and transportation fees. These bills are super important to keep me living comfortably and *keep my credit score in good shape*.

a bunch of 许多	keep one's life going 维持某人的生活
take care of 处理	utility bill 水电账单；费用单
keep sth. in good shape 使某物保持良好的状态	credit score 信用分数

2 **How do you usually pay your bills – in cash or by another method? [Why?]**

Well, I'*m a big fan of* using *auto deduction* to pay my bills, as it *avoids all the hassle of* manual bill paying. So, the money is just deducted from my bank account or Alipay account directly. One thing I like about using it is that it really helps with budgeting, as payment amount is more predictable. But I still need to *keep track of account balances* to *get rid of overdraft fees* or other issues.

be a big fan of 非常喜欢	auto deduction 自动扣款
avoid the hassle of 避免做某事的麻烦	keep track of 记录
account balance 账户余额	get rid of 避免
overdraft fee 透支费用	

3 **Have you ever forgotten to pay a bill? [Why/Why not?]**

As I said, I've been using automatic bill deduction *for a while*, so I haven't forgotten to pay a bill in recent years. It's a really helpful tool because it automatically pays bills *on a regular basis* without me having to do it myself. This way, I don't have to worry about late fees or *damaging my credit score* from *missed payments*.

for a while 一段时间	on a regular basis 定期地
damage one's credit score 影响某人的信用评分	missed payment 未付款项

4 **Is there anything you could do to make your bills cheaper? [Why/Why not?]**

Yeah, there are definitely ways to make bills cheaper. I could try to reduce my energy consumption by *unplugging electronics*, using *energy-efficient home appliances*, and adjusting temperature settings. And for mobile phone and Internet bills, I could consider *switching to* a cheaper plan. *But then again*, some bills like rent and insurance are fixed, so there's not much I can do to *lower* those *costs*.

unplug electronics 拔掉电子设备的插头	energy-efficient home appliance 节能家电
switch to 转换成……	but then again 但是话又说回来
lower cost 降低成本	

Part 2 ▶▶▶

第二部分：考官给考生一张话题卡（Cue card），考生有 1 分钟准备时间，并可以做笔记（考官会给考生笔和纸），之后考生要作 1~2 分钟的陈述。考生讲完后，考官会就考生阐述的内容提一两个相关问题，由考生作简要回答。

Describe some food or drink that you learned to prepare.

You should say:

　　what food or drink you learned to prepare

　　when and where you learned to prepare this

　　how you learned to prepare this

and explain how you felt about learning to prepare this food or drink.

话题卡说明

　　本题要描述一款自己曾经学习制作的食物或者饮品。描述的重点是学习食物制作的过程以及自己的感受。建议在描述的时候增加和食物以及食物制作相关的话题词汇。此外，在描述如何学习食物制作的时候可以根据个人的经历进行个性化的展开。

开篇介绍	Learning to prepare a steak is an experience that I will always remember fondly. It all started two years ago when I decided to *try my hand at* cooking a steak in my apartment kitchen. Having always enjoyed eating steaks, I was eager to learn how to prepare one myself.
描述 学习过程	To get started, I *scoured the internet* for helpful *tips and tricks* on cooking the perfect steak. I *came across* some popular celebrity chef videos, including Gordon Ramsay's tutorial on how to cook a steak. Watching his videos helped me *get the hang of* the cooking process and learn some *essential techniques*.

描述 制作过程	So, I **headed to** the local market and **picked up** a nice **ribeye steak**. Following Ramsay's advice, I **seasoned** it generously with salt and pepper, rubbing it in to really **bring out** the flavor. Next, I **preheated** a **cast-iron skillet** on high heat and added **a pat of butter** and **a drizzle of olive oil**. Once the skillet was nice and hot, I **carefully placed** the steak on it, and **the sizzling sound** was **music to my ears**. I let it cook for 3 to 4 minutes on each side, using tongs to **turn it over** and **basting it with** the melted butter to make it extra **juicy** and delicious. Once the steak was done, I took it off the skillet and let it rest on a cutting board for a few minutes to let the juices redistribute and make it even more **tender**. Then, I **sliced it against the grain** into thin slices and **served it up** with some tasty vegetables, including **crisp-tender asparagus** and mushrooms.
描述经历 与感受	Overall, learning to prepare a steak was **an exhilarating experience**. I was proud of myself for **getting on to the ropes** and **mastering this new skill**, and I enjoyed the satisfaction of creating a delicious meal that I could share with others.

重点词句

try one's hand at	尝试做某事	carefully place	小心放置
scour the internet	在网上彻底搜寻	the sizzling sound	咝咝作响
tips and tricks	要诀和技巧	music to one's ears	[习语]悦耳的声音
come across	偶然发现	turn over	翻转
get the hang of	掌握……的窍门	baste with	用……涂抹……
essential technique	基本方法	juicy	多汁的
head to	前往	tender	嫩的，软的
pick up	挑选	slice sth. against the grain	沿着纤维切割某物
ribeye steak	肋眼牛排	serve up	上菜
season	给……调味	crisp-tender	鲜脆多汁的
bring out	激发	asparagus	芦笋
preheat	预热	an exhilarating experience	一次令人兴奋的经历
cast-iron skillet	铸铁煎锅	get on to the ropes	[习语]熟悉既定程序
a pat of butter	一块黄油	master a skill	掌握技巧
a drizzle of olive oil	一点橄榄油		

Part 3 ▶▶▶

　　第三部分：双向讨论（4~5分钟）。考官与考生围绕由第二部分引申出来的一些比较抽象的话题进行讨论。第三部分的话题是对第二部分话题卡内容的深化和拓展。

话题举例

★ Young people and cooking

1 **What kinds of things can children learn to cook?**

Well, children can learn to cook *a whole range of dishes*, from quick and easy snacks like sandwiches and fruit salads to more complex meals like dumplings, *stir-fried vegetables* and soups. They can also *whip up* a batch of cookies, cakes or other desserts if they're *feeling fancy*. Generally speaking, the key is to start with simple recipes and gradually *move up* to more complex ones as they *build their skills and confidence* in the kitchen. Apart from that, children can *broaden their culinary knowledge* by *exploring other cuisines*, such as Western or Japanese.

a whole range of dishes 全系列菜肴	stir-fried vegetables 炒蔬菜
whip up 轻松做出	feel fancy 想尝试一些高级的菜式
move up 提升	build one's skill and confidence
broaden one's culinary knowledge 拓宽某人的饮食知识	提升某人的技能和信心
explore other cuisines 探索其他菜系	

2 **Do you think it is important for children to learn to cook?**

Absolutely, in my opinion, it's essential for children to learn how to cook. It not only teaches them *practical life skills* but also helps them develop a better *understanding and appreciation of food*. Plus, cooking teaches children to be patient, *organized*, and *responsible* as they learn to plan, shop for and prepare meals on their own. Additionally, cooking can be a *fun and rewarding experience* for children, as it allows them to *express their creativity, experiment with flavours and textures*, and *take pride in their culinary creations*. Lastly, cooking can *bring families together*, as parents and children can *bond over the preparation and enjoyment of meals*.

practical life skill 实用生活技能	understanding and appreciation of food
organized 有条理的	对食物的理解和欣赏
responsible 负责任的	fun and rewarding experience
express one's creativity 表达某人的创意	有趣且有益的经验
experiment with flavour and texture	take pride in one's culinary creation
尝试不同的口味和口感	为某人的烹饪创作感到自豪
bring families together 团聚家庭	
bond over the preparation and enjoyment of meals 在准备和享受食物的过程中建立密切关系	

3 **Do you think young people should learn to cook at home or at school?**

Honestly, I believe that young people should learn to cook both at home and at school. Cooking at home can be a great way for kids to *connect with their families, pass down traditional recipes*, and learn about their *cultural heritage*. Plus, it can be a more *relaxed and personal environment* that encourages experimentation and creativity. On the other hand, cooking at school can provide a more *structured and educational experience* that *exposes children to new recipes, techniques, and cuisines*. It can also help them develop their *teamwork and communication skills*, as they work alongside their classmates to prepare meals. So, I think it's important for children to *have access to* both settings.

> connect with one's family 与家人建立联系　　　　pass down traditional recipe 传承传统食谱
> cultural heritage 文化遗产
> relaxed and personal environment 轻松和亲密的环境
> structured and educational experience 结构化和教育性的经验
> expose children to new recipes, techniques, and cuisines 让孩子接触新的食谱、技巧和菜系
> teamwork and communication skill 团队合作和沟通能力　have access to 有获得……的机会

★ Working as a chef

1 **How enjoyable do you think it would be to work as a professional chef?**

Well, being a professional chef can be really enjoyable if you love cooking and are passionate about food. But let's not forget that it's also a very *demanding and stressful job* that requires a lot of *hard work, long hours* and creativity. For example, you have to stand for long hours, carry heavy pots and pans and work in a hot and sometimes *cramped* environment. *On top of that*, working as a chef means that you are often *judged by peers*, *critics and customers*, which can be a *source of stress and anxiety*. *In a nutshell*, it can be a *remarkable and rewarding career*, but it's not for everyone.

> demanding and stressful job 要求高、压力大的工作　　　hard work 艰苦的工作
> long hours 长时间的工作　　　　　　　　　　　　　　cramped 狭窄的
> on top of that 除此以外　　　　　　　　　　　　　judged by peers, critics, and customers
> source of stress and anxiety 压力和焦虑的来源　　　受到同行、评论家和客户的评判
> in a nutshell 总而言之　　　　　　　　　　　　　remarkable and rewarding career
> 　　　　　　　　　　　　　　　　　　　　　　　　非凡且有回报的职业

2 **What skills does a person need to be a great chef?**

To become a great chef, you need a combination of *technical skills*, creativity, and a passion for cooking. Firstly, a chef must have strong basic cooking techniques, like *chopping, grilling, and baking*. They also need to have a deep *understanding of ingredients* and how to use them to create *unique and flavorful dishes*. But in my view, it's creativity that really *sets a chef apart*. They need to be able to develop new recipes, *experiment with ingredients*, and present their dishes in a way that's *visually appealing*. And finally, passion is an essential *ingredient for success* in the culinary world. I mean, cooking can be hard work and requires long hours, so chefs need to truly love what they do to *excel in this profession*.

> technical skill 技术技能　　　　　　　　　　　chopping, grilling, and baking 切、烤和烘焙
> understanding of ingredient 对食材的理解　　　　unique and flavorful dish 独特且美味的菜肴
> set a chef apart 使得厨师与众不同　　　　　　　experiment with ingredients
> visually appealing 具有视觉吸引力的　　　　　　用不同的食材进行实验
> ingredient for success 成功的因素　　　　　　　excel in this profession 在这个行业中脱颖而出

3 **How much influence do celebrity / TV chefs have on what ordinary people cook?**

Well, I think they *have a big impact on* people's cooking habits. For a start, they *bring new recipes and techniques to the table* and make cooking exciting and *approachable*. People love their personalities and *expertise*, and often *look to them for guidance* on what ingredients, tools, and cookware to use. Another point is they do popularize certain food trends like *avocado toast and kale salads*. But it's worth noting that not everyone can *whip up the fancy dishes* we see on TV. So, while celebrity chefs can *inspire and teach us a lot*, ultimately, *it's up to us to decide* what we want to cook and how we want to do it.

have a big impact on 对……有重要的影响	bring new recipes and techniques to the table 带来新的食谱和技巧
approachable 触手可得的	
expertise 专长	look to sb. for guidance 以某人为指导
avocado toast and kale salad	whip up the fancy dish 弄出花式料理
牛油果吐司和羽衣甘蓝沙拉	inspire and teach sb. a lot
it's up to sb. to decide 最终由某人决定	很大程度上激励并教导某人

Test 2 *Listening*

Part 1 ▶▶▶

场景介绍

男士打电话给 Milo's Restaurants 求职。接听电话的女士首先介绍了该公司的福利，之后简述了申请者需要满足的基本要求。随后，女士根据目前的职位空缺，详细介绍了两个可供申请的职位，包括地点、职务要求、工资和工作时间等。

必背词汇

reputation	*n.* 名誉，名声	equipment	*n.* 设备，器材
temporary	*adj.* 临时的	salary	*n.* 薪水，工资
unusual	*adj.* 罕见的，不常见的	sort out	把……分类，整理
uniform	*n.* 制服	delivery	*n.* 运送的货物
discount	*n.* 折扣	slightly	*adv.* 略微，稍微
midnight	*n.* 午夜	annual	*adj.* 年度的，每年的
requirement	*n.* 要求，必要条件	weekday	*n.* 工作日
service	*n.* 服务	maintain	*v.* 维持，保持
equally	*adv.* 同等地，同样地	standard	*n.* 标准，水平
communication skill	沟通技能	qualification	*n.* 资格；学历
certificate	*n.* 合格证书，文凭	organise	*v.* 整理，使……有条理

拓展词汇

reference	*n.* 推荐信，介绍信	supervisor	*n.* 主管，监督者
benefit	*n.*（公司提供的）福利	portion	*n.*（饭菜的）一份
late shift	晚班	sous chef	副厨师长
dynamic	*adj.* 充满活力的	straightforward	*adj.* 简单的，易懂的
demanding	*adj.* 要求很高的	get the hang of	掌握……的要领

文本解析

1 Milo's is a young, dynamic company and they're really keen on creating a strong team. It's really important that you can fit in and get on well with everyone. Milo's 是一家年轻、充满活力的公司，

他们热衷于打造一支强大的团队。你需要能融入团队并和每个人相处融洽，这很重要。be keen on sth. 意为"渴望做某事，热衷于做某事"。fit in 表示"相处融洽，适应"。get on well with sb. 意为"与……关系良好，和……相处融洽"。

2️⃣ I know they want people who have an eye for detail. 我知道他们想聘用注重细节的人。have an eye for sth. 意为"关注……，注意……"。

3️⃣ I'm very used to working in that kind of environment. 我非常习惯在那样的环境下工作。be used to doing sth. 意为"习惯于做某事"。

4️⃣ So you're probably familiar with the kind of responsibilities involved. Obviously checking that all the portions are correct, etc., and then things like checking all the procedures for cleaning the equipment are being followed. 所以你可能知道（这个岗位的）职责。显然，职责包括检查每份早餐是否正确供应等等，（岗位职责）还包括其他内容，例如检查设备清洁工作是否严格遵循既定程序。follow 在这里的意思是"遵循（指示），按（指示）进行"，这里使用了被动语态。

5️⃣ — What are the hours like?
— The usual, I think. There's a lot of evening and weekend work, but they're closed on Mondays. But you do get one Sunday off every four weeks.
— 工作时间是怎样的？
— 我想还是老样子，晚上和周末的工作很多，但他们周一不营业。不过，你每四周都有一个星期天可以休息。off 在这里是副词，意为"不工作，休息"。

题目解析

答案速查： 1. training 2. discount 3. taxi 4. service 5. English
6. Wivenhoe 7. equipment 8. 9.75 9. deliveries 10. Sunday

　　本节的题型由笔记填空 1~5 题和表格填空 6~10 题组成。这两种题型均为 Part 1 常考题型，需注意笔记填空题词数要求为 ONE WORD ONLY，表格填空题词数要求为 ONE WORD AND/OR A NUMBER。

1️⃣ 注意粗体小标题提示本题需要听取餐厅提供的福利。题干词 all staff 在原文中替换为 all employees，随后出现答案 training。

2️⃣ 首先，女士提到 another benefit...you can get a discount...，题干中的 all Milo's Restaurants 替换为 any of their restaurants。接着男士询问是否周末也能享受折扣，女士否认了这一点，可知只有工作日才能使用折扣，对应题干中的 weekdays。此题答案前置，且 weekdays 在原文中并不是直接替换，需要整体理解上下文。考生在听到 discount 时就要预判答案，再通过后文加以确认。

3️⃣ 题干中的 midnight 原词重现，随后出现 the company will pay for you to get a taxi home，可知此项福利为公司提供出租车费报销，答案为 taxi。

4️⃣ 题干中的 high standard 在原文中替换为 high level，随后出现答案 service。

5️⃣ 根据题干可预判本题应填入某个学科或者专业领域。题干中的 qualification 在原文中替换为 certificate，随后出现答案 English。

6️⃣ 根据表头对应位置中的 location 可知本题需要听取地点信息。答案为直叙。

7️⃣ 此题上方的关键词 portions、correct 原词重现，可预判此题相关内容即将出现。题干中的 making sure 替换为 checking。题干中的 clean 为形容词形式，在原文中以 cleaning 的动名词形式重现，随后出现答案 equipment。答案需要注意单词拼写。

8 此题需填入金额数字。题干中的 starting 替换为 to begin with，随后出现答案。后文提到工资三个月后会涨到 £11.25，和 starting 不符，为干扰信息。

9 题干中的 stock 原词重现，并列词 and 后出现 organising 的替换表达 sorting out，随后出现答案 deliveries，需要注意填入复数形式。

10 题干中的 no work 替换为 off，once a month 替换为 every four weeks，可知答案为 Sunday。此句前文出现 Mondays，但指的是餐厅每周一都不开放，和题干 once a month 不符，为干扰信息。

Part 2 ▶▶▶

场景介绍

房地产开发商的沟通经理 Mark Reynolds 向民众介绍 Nunston 城郊的一个新的住宅区的建造规划。Mark 首先谈及了住宅区选址的原因，随后谈到了公众对于该住宅区规划的反馈，最后通过地图展示了小区内的各项设施。

必背词汇

demand	n. 需求，需要	entrance	n. 入口，大门
employee	n. 雇员，员工	corner	n. 拐角
commute	v. 通勤，上下班往返	turning	n. 岔路口，转弯处
distance	n. 距离，间距	clinic	n. 诊所，门诊部
major	adj. 主要的	health problem	健康问题
drawback	n. 缺点，不利条件	below	prep. 在……下面
accommodation	n. 住所，住处	community centre	社区活动中心
pleased	adj. 高兴的，满意的	resident	n. 居民，住户
layout	n. 布局，设计	adjoin	v. 紧挨，毗连，邻接
majority	n. 大部分，大多数	curve	v. 转弯 n. 转弯处
impression	n. 印象，感想	geographical feature	地貌，地理特征
natural feature	自然地貌	access	n. （使用……的）机会
cyclist	n. 骑自行车的人	agricultural	adj. 农业的
apartment block	公寓大楼	rural	adj. 乡村的

拓展词汇

outskirts	n. 市郊，郊区	slope	n. 斜坡，坡地
brief	adj. 简短的，简洁的	provision	n. （为将来做的）准备
criterion	n. 标准，准则	proposed	adj. 计划的，打算做的
steep	adj. 陡峭的	bound	v. 形成……的边界

文本解析

① One drawback to the site is that it's on quite a steep slope, but we've taken account of that in our planning so it shouldn't be a major problem. 这个位置有个缺点：它位于一个相当陡峭的斜坡上，但我们在规划时已经考虑到了这一点，所以这应该不是个大问题。drawback 后常用介词 to，后面接所描述的事物，drawback to sth. 即 "某事物的缺点"。take account of 意为 "将……考虑在内"。

② People like the wide variety of accommodation types and prices, and the fact that it's only a short drive to get out into the countryside from the development. 人们喜欢这里多样的房屋种类（选择）和价格（选择），而且从这里到乡村只有很短的车程。此处 that 引导同位语从句，用于说明 fact 的内容。drive 在这里作名词，意为 "驾车路程"。

③ We were particularly pleased that so many people liked the designs for the layout of the development, with the majority of people saying it generally made a good impression and blended in well with the natural features of the landscape, with provision made for protecting trees and wildlife on the site. 我们很高兴地看到，许多人喜欢住宅区的布局设计，大多数人都表示这里给他们留下了很好的印象，住宅区与自然景观相得益彰，并针对此地的树木和野生动物保护采取了预先措施。第一个 with 后为独立主格结构，saying 使用现在分词，表示这一动作和它所修饰的 the majority of people 是主动关系。blend in with... 意为 "与……和谐，与……协调"。

④ Some people have mentioned that they'd like to see more facilities for cyclists, and we'll look at that, but the overall feedback has been that the design and facilities of the development make it seem a place where people of all ages can live together happily. 有些人提到希望能有更多的骑行设施，我们会考虑这个问题，但总体来说，住宅区的设计和各项设施让所有年龄段的人都能愉快地生活在一起。look at 在这里意为 "考虑，研究"。where 引导定语从句，修饰 place。

⑤ You'll see it's bounded on the south side by the main road, which then goes on to Nunston. 您能看到它（住宅区）的南侧以主干道为界，这条主干道通往 Nunston。bound 作动词表示 "形成……的边界" 时常用被动语态，意为 "以……为界，依傍……"。

⑥ If you look at the South Entrance at the bottom of the map, there's a road from there that goes right up through the development. The school will be on that road, at the corner of the second turning to the left. 您可以看到地图底部的南边入口，有一条路直达住宅区。学校就在那条路上，在左边第二个转弯的拐角处。该句中的 right 并非 "右侧" 之意，而是副词 "直接地"。介词 through 表示从空间内部穿过。

⑦ This will be on the western side of the development, just below the road that branches off from London Road. 它将位于住宅区的西侧，就在伦敦路分出的岔路下方。branch off 意为 "（道路、河流）分岔"。

⑧ If you look at the road that goes up from the South Entrance, you'll see it curves round to the left at the top, and the playground will be in that curve, with nice views of the lake. 请看从南边入口上去的路，可以看到它在顶部向左转弯，游乐场就在那个弯道上，那里可以看到漂亮的湖景。up 在这里是副词，意为 "向上"。第一个 curve 是动词 "弯曲，转弯"，第二个 curve 为名词 "弯道"。

题目解析

答案速查： 11~12. B E　13~14. B C　15. G　16. C　17. D　18. B　19. H　20. A

　　本节题目由多选题 11~14 题以及地图题 15~20 题组成。多选题需要较强的同义替换识别能力，地图题需要考生熟悉方位的表达。

11~12 根据题干可知需要选择选址的原因。原文中的 ...why we've selected this particular site... 提示答案即将出现。随后首先出现 D 选项中 agricultural 一词的同义替换 farming，提到此地目前还是农耕用地，但未提及"几乎没有农耕价值"。随后的转折词 But 引出另一个原因，即工业园区的员工需要住房，因为目前通勤距离太远。employees 替换 E 选项的 workers，E 选项中 convenient 一词需要整体理解原文答案句，即新建住房能让员工通勤距离变短，从而为其提供便利。下一句 also 一词提示另一个优点，即距离 airport 很近，C 选项原词重现。但后文转折后予以否定，即 it wasn't one of our major criteria for choosing this site，故排除 C 选项。接下来，We were more interested in... 引出更重要的原因，即距离医院和学校很近，对应 B 选项的 easy access to local facilities，需要考生熟悉 hospital 和 school 的上义词替换 facilities。最后原文提及房屋建在斜坡上，对应 A 选项的 geographical features，但此处为缺点，而并非选址理由，故排除 A 选项。

13~14 本题需选出人们对这一新建住宅区给出的积极评价。题干的 positive feedback 原词重现。首先提到人们喜欢 the wide variety of accommodation types and prices，即多样的种类和价格选择，可否定 D 选项。and 后引出另一个原因，countryside 对应 E 选项的 rural，但并非住宅区位于乡村，而是距离乡村有很短的车程，因此排除 E 选项。接着提到人们喜欢住宅区的布局设计，随后提到 ...blended in well with the natural features of the landscape，其中的 natural features 对应 B 选项的 environment，可初步确定 B 选项正确，原文紧接着提到 protecting trees and wildlife... 也和环保相关，可进一步确认 B 选项为正确选项之一。下一句中 A 选项的 facilities for cyclists 原词重现，但 we'll look at that 表示将来会考虑，即目前还没有，故排除 A 选项。but 后引出另一条反馈，即 people of all ages can live together happily，对应 C 选项的 good relations between residents，因此 C 选项为另一个正确选项。

15~20 地图题中的题干词通常会原文重现，定位容易，但考生需要熟悉方位的相关表达。另外，本题出现东南西北指向标，代表原文一定涉及东南西北方向。此题中除了东南西北之外，还出现了 top、bottom 等方位词，需要考生灵活辨认。

题号	题干	原文	必备表达
15	School	...there's a road from there that goes right up through the development. The school will be on that road, at the corner of the second turning to the left.	● go right up through ● at the corner ● turning ● to the left
16	Sports centre	...on the western side of the development, just below the road that branches off from London Road.	● on the western side of ● below ● branch off from
17	Clinic	...the lake towards the top of the map? The clinic will be just below this, to the right of a street of houses.	● towards the top of ● below ● to the right of

题号	题干	原文	必备表达
18	Community centre	On the northeast side of the development, there'll be a row of specially designed houses specifically for residents over 65, and the community centre will be adjoining this.	• on the northeast side of • a row of • adjoin
19	Supermarket	…a supermarket between the two entrances to the development. We're planning to leave the three large trees near London Road, and it'll be just to the south of these.	• between • near • to the south of
20	Playground	…the road that goes up from the South Entrance, you'll see it curves round to the left at the top, and the playground will be in that curve, with nice views of the lake.	• go up from • curve • to the left • at the top

Part 3 ▶▶▶

场景介绍

两名地理专业的学生 Adam 和 Michelle 讨论了 1783 年冰岛的拉基火山爆发带来的影响。两人首先谈及了当时的气象观测情况，以及火山爆发引发的雾霾所带来的危害，随后详细谈论了四个国家所受到的具体影响。

必背词汇

eruption	n. （火山）爆发	dramatic	adj. 令人吃惊的
devastating	adj. 毁灭性的，破坏性大的	livestock	n. 家畜，牲畜
consequence	n. 结果，后果	mortality rate	死亡率
significant	adj. 重要的，有意义的	double	v. 是……的两倍
impact	v. 有影响，起作用	snowbound	adj. 被雪困住的
directly	adv. 直接地	contradiction	n. 矛盾，不一致
political	adj. 政治的	contemporary	adj. 同时代的，同时期的
economic	adj. 经济的	ordinary	adj. 普通的
observation	n. 观察，监视	health issue	健康问题
consistent	adj. 一致的，不矛盾的	block	v. 挡住，遮住
weather station	气象站	conclusion	n. 结论
haze	n. 雾，霾	widespread	adj. 分布广的，广泛的
fog	n. 雾	long-lasting	adj. 持久的，长期的
blame	v. 责怪，指责	ignore	v. 忽略，忽视
headache	n. 头痛	warning sign	警示信号

拓展词汇

catastrophic	*adj.* 灾难性的	graze	*v.* （牛、羊等）吃草
terminology	*n.* （学科）术语	contaminate	*v.* 污染，弄脏
pre-industrial	*adj.* 工业化前的	fluorine	*n.* 氟
sulphur	*n.* 硫磺	volcanic fallout	火山沉降物
respiratory	*adj.* 呼吸的	bizarre	*adj.* 异乎寻常的，奇怪的
asthma attack	哮喘发作	famine	*n.* 饥荒
ambassador	*n.* 大使，使节	the plague	鼠疫，黑死病
naturalist	*n.* 博物学家	presumably	*adv.* 很可能，想必是
drift	*v.* 漂流，漂移	unprecedented	*adj.* 前所未有的
swiftly	*adv.* 快速地，迅速地	astonishing	*adj.* 令人十分惊讶的

文本解析

1 But what I found more significant was how it impacted directly and indirectly on political events, as well as having massive social and economic consequences. 但我发现，更重要的是，它直接和间接地影响了政治事件，并带来了巨大的社会和经济影响。what 引导主语从句，how 引导表语从句。impact on 表示"对……有影响"，这里 impact 作动词。

2 I mean, they all gave a pretty consistent account of what happened, even if they didn't always use the same terminology. 我的意思是，虽然使用的术语不尽相同，但他们对所发生事情的描述都颇为一致。pretty 在这里是副词，意为"相当，颇为"。account 在此处是名词，意思是"描述，叙述"。

3 They all realised that this wasn't the sort of fog they were used to – and of course this was in pre-industrial times – so they hadn't experienced sulphur-smelling fog before. 他们都意识到这不是他们过去所熟悉的那种雾——当然这是在工业时代之前——因此他们之前没有遇到过有硫磺气味的雾。be used to 表示"习惯于……"。time 在这里的意思是"时代"，是可数名词。

4 — It was Benjamin Franklin who realised that before anyone else.
— He's often credited with that, apparently. But a French naturalist beat him to it – I can't remember his name. I'd have to look it up. Then other naturalists had the same idea – all independently of each other.
— 是本杰明·富兰克林先于其他人意识到这一点。
— 显然，人们往往将这件事归功于他。但一位法国博物学家比他发现得更早——我不记得他的名字了，我需要查一下。另外，其他博物学家也有同样的看法——他们都是彼此独立地得出了结论。第一句中 It was...who 是强调句结构，被强调的部分是 Benjamin Franklin。这里的 it 用于引出被强调的成分，没有实际意义。第二句中的结构 credit A with B 意为"将 B 归功于 A"，常用于被动结构，即 A be credited with B，如本句所示。第三句中的 beat sb. to it 意为"比……抢先行动，捷足先登"。look sth. up 的意思是"查阅，查检"。independently 在此处意为"相互独立地，彼此不关联地"。

5 You'd expect that – and the fact that the volcanic ash drifted so swiftly – but not that the effects would go on for so long. Or that two years after the eruption, strange weather events were being reported as far away as North America and North Africa. 你可能会预料到（这件事），也能想到火山灰会迅速漂移，但你不会想到这件事带来的影响会持续这么长时间，也很难想象火山喷发两年后，在远至北美和北非的地方，人们仍会报告一些奇怪的天气现象。the fact 后面的 that 引导同位语从句，解释说明 fact 的具体内容。but not 之后的 that 和 Or 之后的 that 各引导一个宾语从句，用来说明这两点内容是预期之外的。

6 One of the most dramatic things there was the effect on livestock as they grazed in the fields. They were poisoned because they ate vegetation that had been contaminated with fluorine as a result of the volcanic fallout. 其中最令人吃惊的事情之一是在田间吃草的牲畜受到了影响。火山灰沉降物导致植被受到了氟的污染，而牲畜吃了这些草后中毒了。as a result of 意为"由于，因为"，of 后引出原因。

7 Then in the UK the mortality rate went up a lot – presumably from respiratory illnesses. According to one report it was about double the usual number and included an unusually high percentage of people under the age of 25. 另外，在英国，死亡率大幅上升——据推测是由于呼吸系统疾病。一份报告指出，死亡人数大约是平时的两倍，并且其中包含的 25 岁以下人群的比例异常之高。go up 表示"上升"。第二句中的 it 指代前一句中的 mortality rate。

题目解析

答案速查： 21. C 22. A 23. B 24. B 25~26. A B 27. D 28. A 29. C 30. F

本节题型由 21~24 单选题、25~26 多选题以及 27~30 搭配题组成。选择题需排除干扰。搭配题定位容易，但需短暂记忆选项内容并快速识别同义替换。

21 本题需要选择 1783 年拉基火山喷发的重要性。首先女生提到 it was a huge eruption，对应 A 选项的 severe eruption，但未提及 the most，故排除 A 选项。接下来男生提到 make sense of the science for the first time，对应 B 选项的 formal study，但女生随后提到 But what I found more significant，表示她认为有更重要的原因，故排除 B 选项。此处 significant 对应题干的 important。后文的 political events 和 social and economic consequences 对应 C 选项的 society，选项中的 profound effect 在原文中替换为 impacted directly and indirectly。

22 读题可知本题需选出男生 Adam 对当时的观测感到惊讶的方面。题干中的 observation 原词重现，可用于题目大致定位。之后男生直接提及 surprised 的原因为 so many weather stations。so many 对应 A 选项的 number，该选项中的 places producing them 指的是产生观测结果的地方，即原文的 weather stations，因此 A 选项正确。答案出现之前女生提及的 they all gave a pretty consistent account... 为 B 选项的反义描述，且男生并未表现出 surprised，故排除。

23 题干中的 haze 原词重现。首先出现 They all realised that this wasn't the sort of fog they were used to，可否定 A 选项。随后出现 ...blamed the haze for an increase in headaches, respiratory issues...，可对应 B 选项的 health issues。随后提到 covered the sun，对应 C 选项的 blocked out the sun，但紧接着说到 made it look a strange red colour，可知并不是完全遮挡了太阳，和 C 选项的 completely 不符，另外 for weeks 在此处也并未提及，故排除 C 选项。

24 题干中的 Benjamin Franklin 容易定位，需要听取男生纠正了女生的哪条信息。男生首先提到 no one realised that the haze was caused by...，对应 B 选项的 reason for the haze，接下来女生说富兰

克林 realised that before anyone else，对应 B 选项的 first to identify...。男生首先承认了这是普遍看法，随后在转折词 But 之后进行了纠正——a French naturalist beat him to it，即法国的一位博物学家先于富兰克林发现了导致雾霾的原因是火山爆发。此处原文的具体分析请参考前文"文本解析"第四句。

25~26　本题需要选出两位学生对拉基火山喷发带来的哪两方面后续影响感到惊讶。原文女生提到 talk about the immediate impact，可提示此题出现。女生首先提到 so many people died，对应 C 选项的 the number of deaths。但男生说 You'd expect that，和题干的 surprised 不符，故否定 C 选项。随后并列词 and 引出另一个在预料范围内的事情，即 the volcanic ash drifted so swiftly，对应 D 选项的 the speed...spread，同样与题干的 surprised 不符，故排除 D 选项。随后的 but not that 引出预料之外的影响，so long 对应 B 选项的 long-lasting。Or 之后引出并列的另一个超出预料的影响，as far away as... 对应 A 选项中的 widespread。因此本题的两个正确选项为 A 和 B。

27~30

题号	题干	选项	原文
27	Iceland	D. Animals suffered from a sickness.	...the effect on livestock as they grazed in the fields. They were poisoned because they ate vegetation that had been contaminated...
28	Egypt	A. This country suffered the most severe loss of life.	...the famine there led to more people dying than any other country.
29	UK	C. There was a significant increase in deaths of young people.	...the mortality rate went up a lot, ...it was about double the usual number and included an unusually high percentage of people under the age of 25.
30	USA	F. It caused a particularly harsh winter.	...they were snowbound until March...there was ice floating down the Mississippi, which was unprecedented.

27　选项 D 中的 animals 替换为原文的 livestock，sickness 替换为 poisoned。原文中答案句的前一句出现 farming，和 B 选项的 agriculture 同义替换，但 predictable 并未提及，可排除。

28　选项 A 中的 loss of life 对应原文的 dying，最高级 most severe 在原文中替换为比较级 more...than any other country，考生需要能够识别这一替换形式。答案句的前一句提到了 the crops all failed，也可联想到 B 选项的 agriculture，但同样由于未提及 predictable 而排除。答案句中提到的 famine 可联想到 E 选项的 food，但 food prices 并未提及，故排除。

29　选项 C 中的 deaths 对应原文的 mortality rate，需要学生对 mortality rate 这一表达比较熟悉。increase 对应原文的 went up 以及 double；young people 对应原文的 people under the age of 25。

30　选项 F 中的 winter 对应原文的 snowbound 以及 ice。particularly harsh 体现在 until March（被雪困住的时间长）以及 ice floating down...which was unprecedented（之前没出现过这种情况）。

Part 4 ▶▶▶

场景介绍

本节内容为 18 世纪以来口袋在欧洲服饰中的演变发展。主讲人首先介绍了自己选择这个题材的原因，随后分别介绍了欧洲男性和女性服装口袋的发展史。

必背词汇

pocket	*n.* 口袋	reach	*v.* （伸手）碰到，够到
overlook	*v.* 忽视，忽略	tie	*v.* （用线、绳等）系，拴，绑
male	*adj.* 男性的	string	*n.* 线，细绳
suit	*n.* 套装，西装	waist	*n.* 腰，腰部
popular	*adj.* 流行的，大众化的	hang	*v.* 悬挂，吊
sew	*v.* 缝上，缝制	beneath	*prep.* 在⋯⋯下面
tailor	*n.* （男装）裁缝	perfume	*n.* 香水
profession	*n.* 行业，职业	noticeable	*adj.* 明显的，显而易见的
instrument	*n.* 器械，器具	detract from	减损，毁损，贬低
visible	*adj.* 明显的，引人注目的	consumer	*n.* 用户，消费者

拓展词汇

knee-length	*adj.* 长及膝部的	fabric	*n.* 织物，布料
breeches	*n.* 马裤	linen	*n.* 亚麻布
waistcoat	*n.* （西服的）背心，马甲	delicate	*adj.* 精致的，精细的
lining	*n.* 内衬，衬里	embroidery	*n.* 绣花，刺绣图案
decorative	*adj.* 装饰性的	petticoat	*n.* 衬裙
plain	*adj.* 朴素的，简单的	fold	*n.* 褶，褶层
possession	*n.* 个人财产，私人物品	tight	*adj.* （衣物）紧身的
pickpocket	*n.* 扒手	bulky	*adj.* 庞大的，笨重的

文本解析

1. We all have them – in jeans, jackets, coats, for example – and even though we often carry bags or briefcases as well, nothing is quite as convenient as being able to pop your phone or credit card into your pocket. Yet, I suspect that, other than that, people don't really think about pockets too much and they're rather overlooked as a fashion item. 我们都有口袋——在牛仔裤、夹克、外套等衣物上。即便我们也经常携带背包或公文包，把手机或信用卡塞进口袋中仍然是最方便的事情。然而除此之外，我想人们并不会过多地关注口袋。它们是被忽视的时尚单品。第一句中的 pop 在这里是动词，意为"迅速地放置"。第二句中的 yet 意为"但是"。第一个 that 引导宾语从句，第二个 that 为代词，指代第一句所说的内容。other than 意为"除⋯⋯之外"。

2 Trousers were knee-length only and referred to as 'breeches', the waistcoats were short and the jackets were long, but all three garments were lined with material and pockets were sewn into this cloth by whichever tailor the customer used. 裤子只有及膝长度，被称为"马裤"，背心很短，夹克很长，但是这三种衣服都加了内衬，由所雇的裁缝在这块布料上缝制口袋。be referred to as 意为"被称为"。line A with B 意为"用 B 为 A 做衬里"，这里使用了被动语态。sewn 为动词 sew 的过去分词。

3 Women were more vulnerable to theft and wealthy women, in particular, worried constantly about pickpockets. So – what they did was to have a pair of pockets made that were tied together with string. 女性更容易被盗窃，尤其是富有的女性，常常担心扒手。所以，她们的做法是制作一对口袋，用绳子绑在一起。vulnerable to sth. 意为"易受……攻击的，易受……伤害的"。what 引导主语从句。have sth. made 表示"让别人制作某物"。that 引导定语从句，修饰的先行词是 a pair of pockets。

4 The pockets were made of fabric, which might be recycled cloth if the wearer had little money or something more expensive, such as linen, sometimes featuring very delicate embroidery. Women tied the pockets around their waist so that they hung beneath their clothes. 这些口袋通常是由织物制成的，如果穿戴者经济拮据，可能会使用再生布料，也有人使用一些更昂贵的材料，比如亚麻，有时还会有非常精致的刺绣。妇女们把这些口袋系在腰间，悬挂在衣服下面。be made of 意为"由……制成"。which 引导定语从句，修饰 fabric。or 前后的两个并列成分分别是 recycled cloth 和 something more expensive，即这些口袋可能是用再生布料做的，也可能是用像亚麻这样更昂贵的材料做的。feature 在这里作动词，意为"以……为特色，有……特色"。

5 They would have an opening in the folds of their skirts through which they could reach whatever they needed, like their perfume. 裙子褶皱处会有一个开口，她们可以从开口处取出所需的东西，比如香水。介词 through 和 which 一起引导定语从句，修饰 opening。whatever 引导宾语从句。

6 That's when dresses became tighter and less bulky, and the pairs of pockets became very noticeable – they stood out too much and detracted from the woman's image. 那时候，裙子变得更加紧身，不再那么厚重，而这对口袋则变得非常显眼——它们过于突出，影响了女性的形象。stand out 意为"显眼，突出"。

7 That was when small bags or pouches as they were known, came into fashion and, of course, they inevitably led on to the handbag of more modern times, particularly when fashion removed pockets altogether. 那时候，小包或者小袋成了时尚，当然，它们自然而然地发展成了更现代化的手提包，特别是当时尚完全淘汰了口袋时。altogether 意为"完全，全部"。

题目解析

答案速查： 31. convenient　32. suits　33. tailor　34. profession　35. visible　36. string(s)　37. waist(s)　38. perfume　39. image　40. handbag

　　本节为报告类笔记填空题，需留意词数要求为 ONE WORD ONLY。整体难度适中。

31 根据此题上方小标题中的 Reason 可知需要填写演讲者选择此题材的原因。根据空前的 be 动词可预判填入形容词或名词。原文中 reasons 原词重现，提示答案即将出现。讲话者首先提到口袋普遍存在，并举了一些例子，之后使用让步连词词组 even though，提示重点应该在后半句，即 nothing is quite as convenient as...，可听到答案 convenient。后文的 Yet 表示转折，对应题干的 but，转折后出现题干原词 overlooked，可辅助验证答案。此题需要注意单词拼写。对应原文的解析请参照前文"文本解析"的第一句。

32 题干的 18th century 原词重现。下一句提到 male，替换题干中的 men，随后出现 suits 一词。注意填入复数。

33 根据题干可知填入单数名词，并作动词 sewed 的主语，据此可初步预判需要填入某种职业。原文中 garments 原词重现，sew 一词使用了被动形式 were sewn into...，随后的 by 提示出现被动语态的动作发出者，即此题所需填入的职业 tailor。

34 根据题干定语从句部分可知需要听取男性所属的一类群体。题干中的 bigger 替换为 larger，men 替换为 someone，随后出现答案 profession。certain type 替换为更为具体的职业需求，即 needed to carry medical instruments，并用随后出现的具体例子 doctor 和 physician 补充说明。

35 题干意为"女性（衣服）的口袋不如男性（衣服的口袋）_____"。根据 be 动词以及比较级可预判填入形容词。录音在短暂停顿后首先说到 The development of women's pockets was a little different，提示答案即将出现。随后出现 they weren't nearly as visible or as easy to reach as men's，题干中的 less... 替换为 not as...as...。这里出现两个形容词 visible 和 easy，但如果只填入 easy，句意并不完整，填入 easy to reach 则词数超限，故排除 easy 一词，填入 visible。

36 根据题干可知需填入连接一对口袋的物品。原文中 pair 原词重现，题干中的 link 在原文中替换为 tie 并使用了被动语态。with 在此处意为"使用……"，随后出现答案 string(s)。

37 此题需填入口袋悬挂的地方。hung 原词重现，under 替换为 beneath。题干中的 skirts 和 petticoats 在此句中替换为 clothes，随后的句子中出现原词。此题答案先于题干词出现，读题和听取录音时均需注意理解句子整体结构和含义。

38 根据题干可知需要填入通过衣服上的开口拿到的一种具体物品。题干中的 gap 在原文中替换为 opening，reach 原词重现，such as 替换为 like，随即出现 perfume 一词。

39 题干意为"衣服外形改变后，隐藏的口袋对女性哪方面带来负面影响"。预判填入名词。题干中的 dresses changed shape 在原文中替换为 dresses became tighter and less bulky，had a negative effect on 替换为 detracted from，随后即出现答案 image。

40 题干意为"_____ 出现前，pouches 受欢迎"。题干中的 pouches 原词重现，became popular 替换为 came into fashion。led on to the handbag of more modern times 意味着 handbag 发生在 pouches 流行之后。此处同义替换需要充分理解题干和原文句意。但如果读题时做好预判，可知填入可数名词单数，录音中此部分只有 handbag 一词符合要求，答案并不难得出。

Section 1 ▶▶▶

Questions 1~8

篇章介绍

体　裁	说明文
主要内容	关于睡袋的介绍

必背词汇

pack up	整理，把……打包	combine	*v.* 结合，混合
season	*n.* 季节	synthetic	*adj.* 合成的
design	*v.* 设计	cosy	*adj.* 温暖舒适的
ensure	*v.* 确保	handy	*adj.* 便利的
contain	*v.* 包含	pocket	*n.* 口袋
storage	*n.* 贮存，贮藏	ideal	*adj.* 理想的
suit	*v.* 适合	budget	*adj.* 经济型的
avoid	*v.* 避免	extra	*adj.* 额外的
weight	*n.* 重量	insulation	*n.* 隔热材料
material	*n.* 材料	innovative	*adj.* 创新的
all-year-round	*adj.* 全年的	integrated	*adj.* 综合的

认知词汇

down	*n.* 绒毛	trekking	*n.* 徒步旅行
fibre	*n.* 纤维	frill	*n.* 虚饰
water-resistant	*adj.* 防水的	opt	*v.* 选择
finish	*n.* 饰面材料	comfy	*adj.* 舒服的，舒适的
moisture	*n.* 潮气，水分	chest	*n.* 胸部
essential	*n.* 必需品	hood	*n.* 防护罩
remarkably	*adv.* 非常地	pillow	*n.* 枕头

zip	*v.* 拉上拉链	compactly	*adv.* 紧密地
duvet	*n.* 羽绒被	rucksack	*n.* 背包，旅行包

试题解析

答案速查： 1. D 2. A 3. E 4. B 5. D 6. F 7. C 8. A

题目类型 MATCHING

题目解析 注意特殊提示 You may use any letter more than once，即答案可以重复。注意原词陷阱。

1. This sleeping bag is not very easy to pack up.

参考译文	这款睡袋不易于收纳。
定位词	not very easy to pack up
文中对应点	D 段的第三句：不过，将其收回袋里需要一点时间。 分析：题干中的 not very easy to pack up 对应原文中的 a bit of time to fit it back，说明需要多一些的时间来整理收拾，题文表述内容一致。
答案	D

2. People can use this sleeping bag in any season.

参考译文	人们可以在任何季节使用这款睡袋。
定位词	in any season
文中对应点	A 段的第一句：这款四季皆宜的睡袋由天然鸭绒和一种新的合成纤维组成。 分析：题干中的 in any season 对应原文中的 all-year-round，题干与原文表述内容一致。
答案	A

3. This sleeping bag has been designed to ensure certain parts of the body are warm.

参考译文	这款睡袋的设计可以确保身体某些部位处于温暖状态。
定位词	ensure certain parts of the body are warm
文中对应点	E 段的第一句：我们喜欢这款睡袋在容易感到冷的地方（头、胸部和脚）周围加设了保温层。 分析：题干中的 certain parts of the body 对应原文中的 head, chest and feet，题干中的 ensure...are warm 对应原文中的 extra insulation...that tend to feel the cold，题干与原文表述内容一致。
答案	E

4. This sleeping bag contains a useful storage area.

参考译文	这款睡袋包含一个实用的存储空间。
定位词	a useful storage area

文中对应点	B 段的第一句后半部分：……里面靠近最上方的地方有一个方便的口袋，用来装必需品。 分析：题干中的 a useful storage area 对应原文中的 a handy pocket for essentials，用于装必需品的口袋就是题干中的存储空间，题干与原文表述内容一致。
答案	B

5. People who do not want to spend much on a sleeping bag will find this one suits their needs.

参考译文	不想花太多钱买睡袋的人会觉得这一款睡袋满足他们的需求。
定位词	do not want to spend much
文中对应点	D 段的第一句：如果你想要一个没有多余装饰且能用一个夏天以上的经济型睡袋，就选这款吧。 分析：题干中的 do not want to spend much 对应原文中的 budget，注意 budget 除了有名词"预算"的意思以外，还有形容词"花钱少的，价格低廉的"意思，因此题干与原文表述内容一致。
答案	D

6. This sleeping bag can also keep the user warm during the daytime.

参考译文	这款睡袋可以让使用者在白天也保持温暖。
定位词	keep the user warm during the daytime
文中对应点	F 段的第一句：这款有创意的高品质儿童睡袋拉开拉锁之后，可以变成一件有趣的动物主题外套。 分析：题干中的 keep the user warm during the daytime 对应原文中的 turn it into a fun, animal-themed coat，将睡袋变成外套，外套可以在白天穿着用于保暖，因此题干与原文表述内容一致。
答案	F

7. People who wish to avoid carrying heavy weights should try this sleeping bag.

参考译文	不想携带重物的人们应该试试这款睡袋。
定位词	avoid carrying heavy weights
文中对应点	C 段的第一句：这款睡袋只有 350 克，非常轻，而且由于是合成材料，所以易于养护。 分析：题干中的 avoid carrying heavy weights 对应原文中的 remarkably light，不仅说明睡袋重量轻，且使用了 remarkably 这个副词来凸显其"非常轻、相当轻"，因此题干与原文表述内容一致。
答案	C

8. This sleeping bag contains two different types of material.

参考译文	这款睡袋包含两种不同类型的材料。
定位词	two different types of material

文中对应点	A 段的第一句：这款四季皆宜的睡袋由天然鸭绒和一种新的合成纤维组成。 分析：题干中的 two different types of material 对应原文中的 combines natural duck down and a new synthetic fibre，两种材料分别是天然鸭绒和合成纤维，因此题干与原文表述内容一致。
答案	A

参考译文

·•·•·•·•·•·•·•·•·•·•·•·•·•·•·•·•·•· **选择最佳睡袋** ·•·•·•·•·•·•·•·•·•·•·•·•·•·•·•·•·•·

在选择睡袋时，确认它的使用季节，以及如果你是背包旅行的话，也需要考虑它的重量和填充物。天然鸭绒非常暖和，使用寿命更长，更容易打包，而合成材料更容易清洁，干得更快，更便宜。

Ⓐ Vango Fuse - 12

这款四季皆宜的睡袋由天然鸭绒和一种新的合成纤维组成。这使得其非常暖和，重 1.5 公斤。这款睡袋使用了防水的饰面材料用于防潮。

Ⓑ Outwell Campion Lux Double Sleeping Bag

这款双层睡袋——适合除冬天以外的所有季节——柔软舒适，里面靠近最上方的地方有一个方便的口袋，用来装必需品。和它的尺寸相比，折叠之后可以变得非常小。

Ⓒ Nordisk Oscar + 10

这款睡袋只有 350 克，非常轻，而且由于是合成材料，所以易于养护。包的大小只有 13cm*20cm，非常适合背包旅行，尤为适合夏天的徒步旅行。

Ⓓ The Big Sleep 250GSM Single Cowl Sleeping

如果你想要一个没有多余装饰且能用一个夏天以上的经济型睡袋，就选这款吧。它柔软，舒适，易于清洗。不过，将其收回袋里需要一点时间。适合春、夏、秋三季使用。

Ⓔ Jack Wolfskin Smoozip + 3

我们喜欢这款睡袋在容易感到冷的地方（头、胸部和脚）周围加设了保温层。防护罩也很舒适，可以当枕头用。

Ⓕ Vango Starwalker Dragon

这款有创意的高品质儿童睡袋拉开拉锁之后，可以变成一件有趣的动物主题外套。一旦孩子准备上床睡觉，简单拉上底部和肩膀的拉链即可。这款睡袋适用于 8℃ ~20℃。

Ⓖ Outwell Conqueror

这款睡袋有一床集成羽绒被，空间也很大。更重要的是，它可以紧凑地打包起来，很容易收回袋里。它很轻，但对于旅行包来说太大了。

Questions 9~14

篇章介绍

体　　裁	说明文
主要内容	关于某写作奖项的介绍

必背词汇

submit	v. 提交	disqualify	v. 取消资格
entry	n. 参赛作品	minimum	adj. 最少的
competition	n. 比赛，竞赛	author	n. 作者
achieve	v. 达成，实现	exclude	v. 不包括
prize	n. 奖项	multiple	adj. 多个的
previous	adj. 之前的	additional	adj. 额外的
award	v. 授予，奖励	unpublished	adj. 未发表的
winner	n. 获胜者，赢家	resident	n. 居民
publish	v. 发表，刊登	define	v. 给……下定义
original	adj. 原创的	membership	n. 会员身份

认知词汇

delighted	adj. 愉快的	accompany	v. 陪同，伴随
announce	v. 宣布	self-contained	adj. 独立的
association	n. 联合	emerging	adj. 新兴的
purpose	n. 用意	full-length	adj. 全长的
non-fiction	n. 非小说	simultaneously	adv. 同时地
portion	n. 部分	editor	n. 编辑
biography	n. 传记	agent	n. （出版）代理商
commend	v. 赞扬	mentoring	n. 指导
entrant	n. 参赛者	session	n. 一段时间
graphic	adj. 图示的，绘画的		

试题解析

答案速查：9. TRUE　10. FALSE　11. TRUE　12. NOT GIVEN　13. FALSE　14. NOT GIVEN

题目类型 TRUE/FALSE/NOT GIVEN 判断题

题目解析 此类型题目注意区分 FALSE 和 NOT GIVEN 的区别，考生需要以原文内容为判断基准，切忌脑补。

9. Writers can submit an entry of fewer than 5,000 words for the Life Writing Prize.

参考译文	作者可以提交一部少于 5,000 字的作品用于参赛传记作品奖。
定位词	fewer than 5,000 words
解题关键词	can submit
文中对应点	Competition Rules 第一段第一句：参赛作品应为不超过 5,000 字的原创传记写作。 分析：原文说参赛作品不能超过 5,000 字，题干中说少于 5,000 字的作品可以提交，原文与题干表述相同，所以题目与原文含义一致，答案是 TRUE。
答案	TRUE

10. Writers can choose to write about the life of a person they know.

参考译文	作者可以选择写他们所了解的人的生活。
定位词	the life of a person they know
解题关键词	can choose to write
文中对应点	Competition Rules 第二段最后一句：那种仅与他人经历相关的传统传记被排除在外。 分析：原文说参赛作品要基于作者个人经历，仅写他人生活经历的作品不能参赛，而题干中说可以选择写他人的生活，题目与原文含义矛盾，答案是 FALSE。
答案	FALSE

11. People who have entered an earlier Life Writing competition without achieving any success may enter again.

参考译文	参加过之前的传记写作比赛但没有取得任何成绩的人可以再次参赛。
定位词	an earlier Life Writing competition, without achieving any success
解题关键词	may enter again
文中对应点	Competition Rules 第三段最后一句：曾获得传记写作奖或受到该奖项高度赞扬的作家不在参赛名单之内；除此以外，之前的参赛者可以提交作品。 分析：原文说除了获得传记写作奖或受到该奖项高度赞扬的作家以外，其他之前的参赛者可以提交作品，也就是说可以再次参赛，题干中也是相同的表述，所以题目与原文含义一致，答案是 TRUE。
答案	TRUE

12. Writers who are between 19 and 25 years old and in full-time education have won the prize in previous years.

参考译文	在前些年，19~25 岁的全日制学生获得过该奖项。
定位词	between 19 and 25 years old, full-time education
解题关键词	have won the prize in previous years

文中对应点	Competition Rules 倒数第三段第一句：传记写作奖面向 18 岁以上、居住在英国的新兴作家，这意味着他们以前没有在出版界发表过足本作品。 分析：原文说面向 18 岁以上、居住在英国的新兴作家可以参赛，但没有提及任何关于前些年的比赛规则，所以题干内容无法证实也无法证伪，答案是 NOT GIVEN。
答案	NOT GIVEN

13. Only one prize is awarded at the end of the Life Writing competition.

参考译文	在传记写作比赛结束时，只会授予一个奖项。
定位词	Only one prize, at the end of
解题关键词	Only one prize
文中对应点	Competition Rules 最后一段：获胜者将获得 1,500 英镑，在 Spread the Word 网站上发表文章的资格以及两年皇家文学学会的会员资格，同时可与编辑和出版代理人共同参与研发会议。受到高度赞扬的两部作品将获得 500 英镑，两期指导会议，与编辑和代理人一起参加研发会议的资格，并在 Spread the Word 网站上发表该文章。 分析：原文说一名获胜者和两名受到高度赞扬的作家都会受到一些奖励，而题干说只会授予一个奖项，所以题目与原文含义矛盾，答案是 FALSE。
答案	FALSE

14. Previous winners of the Life Writing Prize have gone on to become successful published writers.

参考译文	之前荣获传记写作奖的得奖者已经成为成功的出版作家。
定位词	Previous winners, successful published writers
解题关键词	successful published writers
文中对应点	Competition Rules 最后一段最后一句：受到高度赞扬的两部作品将获得 500 英镑，两期指导会议，与编辑和代理人一起参加研发会议的资格，并在 Spread the Word 网站上发表该文章。 分析：原文并没有提及之前的获奖者后来有什么发展，所以答案是 NOT GIVEN。
答案	NOT GIVEN

参考译文

• **The Spread the Word 网站的传记写作奖** •

我们很高兴与金史密斯作家中心联合颁发 The Spread the Word 网站的传记写作奖。

比赛规则

参赛作品应为不超过 5,000 字的原创传记写作。系统会检查字数，超过 5,000 字的作品将被取消参赛资格。没有最低字数要求。

就该奖项用意而言，传记写作被定义为非小说类作品，并应基于作者自身经历中有重要意义的部分。那种仅与他人经历相关的传统传记被排除在外。

每名作者仅提交一部参赛作品。同一作者的多部作品将只有第一部作品被视为参赛，其他作品将被取消资格。曾获得传记写作奖或受到该奖项高度赞扬的作家不在参赛名单之内；除此以外，之前的参赛者可以提交作品。

参赛作品必须是参赛者本人以前未发表过的原创作品。绘画小说风格的作品，即文字搭配着图画或照片，也欢迎参赛。参赛作品可以是自成一篇的传记写作，也可以是一篇较长作品的前 5,000 字。

传记写作奖面向 18 岁以上、居住在英国的新兴作家，这意味着他们以前没有在出版界发表过足本作品。我们对足本作品的定义是，例如，超过 30,000 字的小说或非小说的完整作品。

我们也接受同时在其他网站提交的作品，但请尽快让我们知道该作品是否将在其他平台发表或已经获得了另一个奖项，以便我们取消其传记写作奖的获奖资格。

获胜者将获得 1,500 英镑，在 Spread the Word 网站上发表文章的资格以及两年皇家文学学会的会员资格，同时可与编辑和出版代理人共同参与研发会议。受到高度赞扬的两部作品将获得 500 英镑，两期指导会议，与编辑和代理人一起参加研发会议的资格，并在 Spread the Word 网站上发表该文章。

Section 2 ▶▶▶

Questions 15~21

篇章介绍

体　　裁	说明文
主要内容	关于雇主如何鼓励员工提升健康状态的指南说明

必背词汇

employee	n. 员工	park	n. 停车场
guide	n. 指南	assist	v. 帮助
employer	n. 雇主	negotiate	v. 协商，商定
workplace	n. 工作场所	gym	n. 健身房
productivity	n. 生产力	mental	adj. 心理的
necessary	adj. 必要的	valuable	adj. 重要的；有价值的
substitute	v. 替代	morale	n. 士气
fridge	n. 冰箱	efficiency	n. 效率
break	n. 休息	option	n. 选择
install	v. 安装	available	adj. 可获得的

replace	v. 取代，替代	appropriate	adj. 合适的，恰当的
leave	v. 留下	training	n. 培训
provide	v. 提供		

认知词汇

vaccination	n. 疫苗	specialise	v. 专门研究（从事）
tolerate	v. 容忍，忍受	catering	n. 饮食服务
inappropriate	adj. 不合适的	vending machine	自动售卖机
wellness	n. 健康	nutritional	adj. 营养的
devise	v. 设计	urge	v. 敦促
assess	v. 评估	rack	n. 支架，架子
outcome	n. 结果	charity	n. 慈善
feedback	n. 反馈	compensate	v. 补偿
flu	n. 流感	counsel	v. 咨询
incentive	n. 奖励措施	bullying	n. 霸凌
insurance	n. 保险	unprofessional	adj. 不专业的

试题解析

答案速查：15. absenteeism　16. soda　17. fruit　18. fridge　19. bikes　20. showers　21. surveys

题目类型 NOTES COMPLETION

题目解析 注意题目要求 ONE WORD ONLY，即每空只能填一个单词。

题号	定位词	文中对应点	题目解析
15	improved efficiency, less	第一段第一句	题目：更少的 _____ 原文：致力于员工健康可以减少旷工，促进职场更好的团队合作精神，同时提高生产力。 分析：题干中的 less = 原文中的 reduce，题干中的 improved efficiency = 原文中的 increased productivity。根据题目设置方式，明确本题与 improved efficiency 是并列关系，以及空格处需要填一个名词作为答案。 因此，本题答案为 absenteeism。
16	replace	第三段第三句	题目：提供一些更健康的选择来替代 _____ 原文：简单的做法是把所有现场自动售货机里的碳酸饮料换成水或果汁。 分析：题干中的 replace = 原文中的 substitute，题干中的 healthier options = 原文中的 water or juice（上下义词替换）。空格处需要填一个名词。 因此，本题答案为 soda。

题号	定位词	文中对应点	题目解析
17	at no cost	**第三段 第五句**	题目：免费提供 _____ 原文：可以考虑在员工休息室里放一碗水果，并鼓励每个人随意享用。 分析：题干中的 at no cost = 原文中的 for free，空格处需要填一个名词作为答案，且根据题干上面的信息 healthy food at meetings 可以进一步缩小答案范围。 因此，本题答案为 fruit。
18	staff use	**第三段 最后一句**	题目：提供一个 _____ 便于员工使用 原文：你可以通过在休息室提供冰箱的方式鼓励员工从家里带健康的午餐。 分析：由于本题依然位于 Diet 这个小标题之下，因此定位段还是第三段。题干中的 provide = 原文中的 making sure that there is，题干中的 for staff use = 原文中的 encourage employees to bring in。空格处需要一个可数名词单数，作为"提供给员工"的内容。 因此，本题答案为 fridge。
19	somewhere, leave	**第四段 第二句**	题目：提供某处用于员工停放他们的 _____ 原文：这些方法包括：在员工停车场安装自行车停放架…… 分析：根据小标题 Exercise，可知本题定位段在第四段，题干中的 provide somewhere = 原文中的 installing racks for bikes in your staff car park。空格处需要填一个名词作为答案，且该名词是归属于员工的东西。 因此，本题答案为 bikes。
20	exercise	**第四段 第二句**	题目：提供 _____ 给那些运动的员工 原文：……安装淋浴设备，为骑车或跑步上班的人提供帮助。 分析：题干中的 who exercise = 原文中的 who ride or run，题干中的 provide = 原文中的 putting in。空格处需要填一个名词作为答案。 因此，本题答案为 showers。
21	feel at work	**第五段 第三句**	题目：通过使用 _____ 来了解员工的工作感受 原文：在单位可以实现这一点的方法有：开展员工调查，以获得职场士气的相关有价值信息…… 分析：题干中的 feel at work = 原文中的 morale in the workplace，题干中的 find out = 原文中的 get valuable information，题干中的 using = 原文中的 running。空格处需要填一个名词作为答案。 因此，本题答案为 surveys。

参考译文

• 鼓励员工保持健康：雇主指南 •

益处

致力于员工健康可以减少旷工，促进职场更好的团队合作精神，同时提高生产力。一旦项目设计出来，你需要持续评估结果，并在团队内定期开展民意调查收集反馈。

关注整体预防

考虑在现场提供流感疫苗，并考虑为员工提供医疗保险方面的奖励措施。有些公司会安排专攻健康问题的相关人员去单位与员工交流，例如医生。

鼓励更健康的饮食

很多人都知道，健康饮食有助于预防疾病，但许多人没有意识到，不健康的饮食会导致生产力降低的风险增加 66%。也许有必要刻意制订一项关于打造健康饮食工作场所的政策，包括健康餐饮的政策。简单的做法是把所有现场自动售货机里的碳酸饮料换成水或果汁。同时调研为团队会议和工作活动提供的食物的营养价值。可以考虑在员工休息室里放一碗水果，并鼓励每个人随意享用。你可以通过在休息室提供冰箱的方式鼓励员工从家里带健康的午餐。

鼓励多运动

鼓励员工锻炼并不需要昂贵的费用，因为有很多低成本的方法可供选择。这些方法包括：在员工停车场安装自行车停放架；鼓励员工参加有趣的跑步活动和慈善活动；建议召开"步行会议"，让人们在呼吸新鲜空气和锻炼身体的同时讨论业务；安装淋浴设备，为骑车或跑步上班的人提供帮助。有些公司会在附近的健身房为员工商定团报优惠。

改善心理健康

近期报告显示，忽视心理健康每年会花费澳大利亚公司至少 110 亿英镑。我们都有责任相互照顾。在单位可以实现这一点的方法有：开展员工调查，以获得职场士气的相关有价值信息；对管理者进行心理健康策略培训；提供折扣，以便补偿员工需要咨询所支付的费用；拒绝接受工作场合中任何霸凌行为和不专业行为。

Questions 22~27

篇章介绍

体　裁	说明文
主要内容	关于在厨房工作的注意事项

必背词汇

uniform	n. 制服	in between	介于……之间
shift	n. 轮班	defective	adj. 有缺陷的
staff	n. 员工	appliance	n. 电器，器具
chop	v. 剁，砍	fix	v. 修理
handle	v. 拿	store	v. 存储
attempt	v. 试图	container	n. 容器
repair	v. 修理	label	n. 标签
require	v. 要求	avoid	v. 避免
identify	v. 确认	confusion	n. 困惑
chemical	n. 化学制品	contents	n. 所含物
forbidden	adj. 禁止的	break	n. 休息
drink	n. 饮料	peak	adj. 高峰期的
trousers	n. 裤子	beverage	n. 饮料
launder	v. 洗熨	consume	v. 消耗；吃，喝
apron	n. 围裙	free of charge	免费

认知词汇

chef	n. 厨师	corrosive	adj. 腐蚀性的
well-being	n. 健康；安乐	loose	adj. 宽松的
hygienic	adj. 卫生的	knee	n. 膝盖
regulation	adj. (使用或穿戴)符合规定的，正规的	hazard	n. 危险
		spill	n. 洒出（量）
contamination	n. 污染	flammable	adj. 易燃的
raw	adj. 生的	liquid	n. 液体
to this end	为达到此目的	flame	n. 火焰
inform	v. 通知	premises	n. 营业场所
bandage	v. 用绷带包扎	exceed	v. 超过
glove	n. 手套	filtered	adj. 过滤的

试题解析

答案速查： 22. aprons 23. board 24. money 25. appliances 26. Labels 27. storeroom

题目类型 SENTENCES COMPLETION

题目解析 注意题目要求 ONE WORD ONLY，即每空只能填一个单词。

题号	定位词	文中对应点	题目解析
22	Chefs' uniforms, must be washed	Hygiene 部分 第二点	题目：厨师制服和 _____ 在每轮换班时都要清洗。 原文：厨师必须穿戴的衬衫和裤子务必在开始一个新的轮班之前重新清洗，如果戴了围裙，也要一起清洗。 分析：题干中的 Chefs' uniforms = 原文中的 chefs' shirts and trousers，题干中的 for every shift = 原文中的 before starting a new shift，题干中的 must be washed = 原文中的 are to be freshly laundered。空格处需要填一个名词作为答案，且与 uniforms 是并列关系。 因此，本题答案为 aprons。
23	change, chopping another kind of food	Hygiene 部分 第三点	题目：当他们开始切另一种食物的时候，厨房员工需要更换 _____。 原文：必须避免生食和熟食之间的交叉污染。为达到此目的，工作人员每次切不同类型的食物时，必须使用一个干净的菜板。 分析：题干中的 change = 原文中的 use a clean board each time，题干中的 start chopping another kind of food = 原文中的 cut different types of food。空格处需要填一个名词作为答案。 因此，本题答案为 board。
24	hands are clean, after handling	Hygiene 部分 第四点	题目：所有员工必须确保自己在碰 _____ 之后，手是干净的。 原文：工作人员不应该在没有洗手的情况下先接触钱再接触食物。 分析：题干中的 their hands 在文章中原词重现，题干中的 clean = 原文中的 should not...without washing。题干中的 after 表明事情的先后处理顺序，原文中 in between 表示"介于……之间"，两者也算是同义词。空格处需要填一个名词作为答案。 因此，本题答案为 money。
25	not attempt to repair	Safety rules 部分 第四点	题目：厨房工作人员不应该试图修理 _____。 原文：有问题的电器必须关闭，不得使用——工作人员不得自行修理。 分析：题干中的 should not attempt to = 原文中的 must not try to，题干中的 repair = 原文中的 fix。空格处需要填一个名词作为答案。 因此，本题答案为 appliances。
26	identify any chemicals	Safety rules 部分 最后一点	题目：必须使用 _____ 来识别存放在厨房的化学制品。 原文：如果在厨房储存装有化学制品的容器，必须贴有明确标签，避免对瓶装物造成任何混淆。 分析：题干中的 chemicals 在文章中原词重现，题干中的 identify = 原文中的 avoid any confusion，题干中的 kept = 原文中的 storing。根据空格后出现的 are，可知本题答案是一个可数名词复数。 因此，本题答案为 Labels。

题号	定位词	文中对应点	题目解析
27	forbidden, have drinks	Breaks 部分最后一句	题目：厨房员工禁止饮用放在 _____ 的饮料。 原文：存放在储藏室的饮料不供员工饮用，但在员工休息室会免费提供过滤水。 分析：题干中的 forbidden = 原文中的 may not，题干中的 drinks = 原文中的 beverages，题干中的 have = 原文中的 be consumed by。空格处需要填一个表示地点的名词作为答案。 因此，本题答案为 storeroom。

参考译文

• Marama 海滩酒店和小酒馆：厨房工作指南 •

客户和员工的健康和幸福是我们的第一要务，我们期望所有员工采取一切可能的措施来维护食品安全，并保持工作卫生。

卫生政策

- 长发必须在脑后绑起，接触食物时不能戴戒指。
- 厨师必须穿戴的衬衫和裤子务必在开始一个新的轮班之前重新清洗，如果戴了围裙，也要一起清洗。
- 必须避免生食和熟食之间的交叉污染。为达到此目的，工作人员每次切不同类型的食物时，必须使用一个干净的菜板。
- 工作人员不应该在没有洗手的情况下先接触钱再接触食物。
- 如有疾病或皮肤问题，工作人员应告知经理。手和手臂上的伤口必须妥善包扎。

安全规则

- 所有事故必须立即报告给管理层。
- 不得以任何方式改变安全防护装置，工作人员在处理尖锐、热、冷、腐蚀性物品或材料时，必须始终穿戴防护服和手套。
- 不能穿宽松的衣服或戴首饰。
- 有问题的电器必须关闭，不得使用——工作人员不得自行修理。
- 重箱子应该小心抬起，膝盖弯曲，背部挺直，将箱子靠近身体。
- 工作区域应保持清洁，无危险。
- 东西洒在地板上必须立即处理。
- 易燃液体必须储存在远离明火的地方。
- 如果在厨房储存装有化学制品的容器，必须贴有明确标签，避免对瓶装物造成任何混淆。

休息

员工每工作 3 小时会有 20 分钟的带薪休息时间，在此期间不得离开营业场所。每轮工作时长超过 5 小时的员工都有权享受 30 分钟的无薪休息和免费用餐。然而，请注意，厨房可能不能一直提供这种服务，尤其是在高峰期。存放在储藏室的饮料不供员工饮用，但在员工休息室会免费提供过滤水。

Section 3 ▶▶▶

Questions 28~40

篇章介绍

体 裁	说明文
主要内容	关于家庭缝纫技能复兴的介绍

必背词汇

sew	v. 缝纫	spread	v. 分布，散布
revival	n. 复兴	numerous	adj. 许多的
revive	v. 使复兴	close	v. 停业
desire	n. 渴望，欲望	unexpected	adj. 出乎意料的
oversee	v. 监管	funding	n. 拨款
stage	n. 阶段，步骤	inadequate	adj. 不充足的
pattern	n. 模式；图案	unsuitable	adj. 不合适的
general population	总人口	partner	n. 合伙人
date	n. 日期	database	n. 数据库
originally	adv. 起初，原来	premises	n. 营业场所
establish	v. 建立，确立	concerned	adj. 担忧的
benefit	n. 好处，益处	specialise	v. 专攻
garment	n.（一件）衣服	article	n. 文章
remind	v. 使想起	order	n. 订单
purchase	v.&n. 购买	vanish	v. 消失
outfit	n. 全套服装	core	n. 核心
conversation	n. 对话	supplement	n. 补充
represent	v. 代表	coincide	v. 相同，相符
attitude	n. 态度	dissatisfaction	n. 不满意
affordable	adj. 负担得起的	disposable	adj. 一次性的
wealthy	adj. 富有的，有钱的		

认知词汇

exhibit	v. 展示，展出	shade	n. 色度
vivid	adj. 清晰的，生动的	knit	v. 编织
belt	n. 腰带，皮带	jersey	n. 运动套衫

sandals	*n.* 凉鞋		dormant	*adj.* 休眠的
resonate	*v.* 引起共鸣		fascination	*n.* 着迷
ingenious	*adj.* 巧妙的		sculptural	*adj.* 雕刻的
rebel	*v.* 反抗		commercial	*adj.* 商业的
geometric	*adj.* 几何图形的		edge	*n.* 优势
stripe	*n.* 条纹		resurgence	*n.* 复苏，复兴
ethos	*n.* 道德意识		craftsmanship	*n.* 手艺，技艺

试题解析

答案速查： 28. E 29. C 30. A 31. E 32. D 33. A 34. C 35. C 36. fabric
37. instructions 38. geometric 39. newspaper 40. knitwear

Questions 28~31

题目类型 MATCHING

题目解析 注意特殊提示 You may use any letter more than once，即答案可以重复。注意原词陷阱。

28. mention of Mawer's desire to oversee all the stages of her business

参考译文	提到了马维尔希望自己可以监督企业的所有阶段
定位词	desire to oversee all the stages
文中对应点	E 段的第二句：我希望感受到，每个从设计到生产都参与到品牌中的人，都是我可以见证到的。 分析：题干中的 Mawer's desire to 对应原文中的 wanted to feel，题干中的 oversee all the stages 对应原文中的 everyone involved in the brand, from design to production, was part of a process I could witness，说明马维尔希望企业运营的各个阶段都在自己的监管范围之内，题文表述内容一致。
答案	E

29. reference to changing employment patterns among the general population

参考译文	提到总人口中的就业模式正在发生改变
定位词	changing employment patterns
文中对应点	C 段的第二、三句：邮政罢工和新计算机系统（当时占据了整个房间）再加上在管理上遇到了一些问题，"但时代也在变，"她说。"越来越多的女性外出工作，为孩子做的针线活也越来越少。" 分析：题干中的 changing employment patterns 对应原文中的 more women were going out to work，说明越来越多的女性外出工作而不是在家做家庭主妇，这里体现的是就业模式的变化，题文表述内容一致。E 段虽然提到人们对于缝纫和针织等技能的兴趣复兴，但与就业模式改变无关。
答案	C

30. the date when Clothkits was originally established as a product

参考译文	Clothkits 最初被确立为一种产品的日期
定位词	the date, was originally established
文中对应点	A 段的最后一句：这个品牌创立于 1968 年，到了 20 世纪 80 年代末，基本上已经从人们的生活中消失了，但坚定与幸运让凯·马维尔又把它带回来了。 分析：题干中的 the date 对应原文中的 in 1968，题干中的 was originally established as a product 对应原文中的 the brand, founded in，明确创立品牌的时间是 1968 年，题文表述内容一致。
答案	A

31. the benefits of sewing a garment and then wearing it

参考译文	缝制一件衣服并穿上它的好处
定位词	sewing a garment, then wearing it
文中对应点	E 段的最后两句："自己做衣服能让你更好地欣赏衣服的制作工艺，"马维尔说。"当你了解一件裙子的制造过程时，你会珍惜它，但如果你是从一家大规模生产的制造商那里买来的话，你就不会这么珍惜了。" 分析：题干中的 sewing a garment 对应原文中的 making your own clothes 以及 when you know the process involved in making a skirt，好处就是能更好地欣赏衣服的制作工艺以及更珍惜这件衣服。题文表述内容一致。
答案	E

Questions 32~35

题目类型 MULTIPLE CHOICE

题目解析 雅思阅读中有些选择题会直接告知考生应去哪一段找答案，然而，出题方之所以如此慷慨，是因为考生要阅读多个选项，一一对应原文进行细节描述的辨析，并排除混淆选项的干扰而正确取舍。

题号	定位词	文中对应点	题目解析
32	Paragraph A, was reminded about Clothkits	A 段倒数第二句	题目：在 A 段，作者说凯·马维尔是被 ＿＿＿＿＿ 提醒才想起了 Clothkits。 选项 A：她去过的商店。原文并未提及。 选项 B：她的一次采购。原文并未提及。 选项 C：某人穿着的一套衣服。原文并未提及。 选项 D：一段她与熟人之间的对话。原文 A 段倒数第二句提到在她与一位女性朋友聊天的过程中，对方提到了 Clothkits，她才想起来这个品牌。与 D 选项表达意思一致。因此，本题答案选 D。

题号	定位词	文中对应点	题目解析
33	in the 1960s and 1970s	B 段第五句	题目：关于在 20 世纪 60 年代末和 70 年代的 Clothkits，读者可以了解到什么？ 选项 A：它的设计代表了那个时代的态度。原文第五句提道：Clothkits 始终体现了 20 世纪 60 年代末和 70 年代的精神。与 A 选项表达内容一致。 选项 B：只有有钱人才买得起它的产品。原文虽然提到产品的售价为 25 先令（1.25 英镑），但没有明确表示是贵还是便宜，更没有任何同义替换表明只有有钱人才支付得起。 选项 C：它的创始人曾多次尝试成立她的公司。原文提到了该品牌的创始人，但没有提及是否尝试多次，只提到在苏塞克斯郡的刘易斯经营着这家公司。 选项 D：它的运营管理分布在很多国家。原文虽然提到产品销往全球 44 个国家，但明确说明了肯尼迪是在苏塞克斯郡的刘易斯经营这家公司。与 D 选项表述内容不一致。 因此，本题答案选 A。
34	in 1991, why, close	C 段最后两句	题目：为什么 Clothkits 在 1991 年关闭了？ 选项 A：出现一些意料之外的员工问题。原文未提及。 选项 B：用于缝纫活动的资金不足。原文并未提及。 选项 C：Freeman's 是一个不合适的合伙人。原文 C 段最后一句说 1991 年品牌进入休眠期，也就是关闭了，关闭原因需向前看，倒数第二句明确 Freeman's 作为一家大型企业所持有的道德理念与 Clothkits 品牌的非传统艺术价值观并不匹配，也就是说，从合伙人的角度来看，二者并不合适。选项内容与原文表述一致。 选项 D：肯尼迪数据库的记录丢失了。原文并未提及。 因此，本题答案选 C。
35	Paragraph E	E 段	题目：作者在 E 段表达了什么观点？ 选项 A：相比于过去，Clothkits 会触达更多的市场。原文并未提及任何有关市场的变化。 选项 B：相比于过去，Clothkits 将需要更大的办公场所。原文并未提及办公场所的大小。 选项 C：相比于过去，人们对于扔东西这件事更加忧虑。原文 E 段中说到，Clothkits 的复兴也与人们对不环保的社会的日益不满相契合，以及由此产生的对缝纫和针织等技能的兴趣复苏。因为大家不满这种东西用完一次就扔掉的社会现状，所以再度燃起了对缝纫等针线活的兴趣。选项内容与原文表述相符。 选项 D：相比于过去，人们做的针线活更少。原文明确表示大家再度燃起了对缝纫、针织等针线活的兴趣。选项内容与原文表述不符。 因此，本题答案选 C。

Questions 36~40

题目类型 SUMMARY

题目解析 注意题目要求 ONE WORD ONLY，即每空只能填一个单词。

题号	定位词	文中对应点	题目解析
36	selling, a pattern printed on it	B 段第一句	题目：她的服装公司专注于售卖印有图案的 _____。 原文：Clothkits 品牌是由设计师安妮·肯尼迪创立的，她提出了一个巧妙的想法，即将图案直接印在彩色织物上，这样就不需要纸质图案了。 分析：题干中的 with a pattern printed on it = 原文中的 printing a pattern straight on，题干是说图案被印在某材料上面，原文是用主动语态表明把图案印在彩色织物上。空格处需要填一个名词，而且仅能填一个单词。 因此，本题答案为 fabric。
37	buyers, make their own garments	B 段第二句	题目：它还搭配着 _____，这意味着买家能自己做衣服。 原文：它还附有说明书，几乎任何人都可以按照说明书的要求，学会如何把碎片剪下来并缝制在一起。 分析：题干中的 came with = 原文中的 was accompanied by，题干中的 buyers = 原文中的 almost anyone，原文用"学会如何把碎片剪下来并缝制在一起"这个具体描述同义替换了题干中"自己做衣服"，空格处需要填一个名词作为答案。 因此，本题答案为 instructions。
38	multi-coloured striped dress, pattern	B 段第六句	题目：安妮·肯尼迪做的第一件衣服是一件有 _____ 图案的多种颜色的条纹裙。 原文：它最初的设计是一条几何条纹的裙子，有橙色、粉红色、青绿色和紫色。 分析：题干中的 the very first = 原文中的 initial，题干中的 multi-coloured = 原文中的 orange, pink, turquoise and purple，题干中的 striped = 原文中的 stripe。空格处需要填一个形容词或名词作为答案。 因此，本题答案为 geometric。
39	article, many orders	B 段第七句	题目：一篇 _____ 文章带来了许多来自全球的订单。 原文：它的售价为 25 先令（1.25 英镑），在《观察家报》报道后，肯尼迪收到了价值超过 2,000 英镑的订单。 分析：题干中的 many orders = 原文中的 more than £2,000 worth of orders。空格处需要填一个与文章相关的名词或形容词，原文中提到在《观察家报》报道之后，才收到了价值 2,000 英镑的订单，说明该文章是刊载于报纸上的。 因此，本题答案为 newspaper。

题号	定位词	文中对应点	题目解析
40	increased her workforce, sold	B 段 倒数第二句	题目：随着公司逐渐壮大，她扩充了员工量，且同时售卖 _____ 作为业务的一部分。 原文：缝制自己衣服的这种套系图案形成了业务的核心，针织品为辅。 分析：题干中的 business 在原文中原词重现，题干中的 also sold = 原文中的 supplemented by。根据题意，空格处需要填一个表示某产品的名词。通过并列关系可知，除了核心业务 kits 之外，还有其他辅助的业务版块，根据 supplemented by 可得出答案。 因此，本题答案为 knitwear。

参考译文

• 家庭缝纫的复兴：Clothkits 的回归 •

20 世纪 70 年代，Clothkits 彻底改变了家庭缝纫。
后来，一位来自英格兰苏塞克斯郡的女士让这个怀旧的品牌再现辉煌，并使其与时俱进

A “很多六岁以前穿的衣服我都想不起来了，但我对一条裙子的记忆非常鲜活，现在我还能回忆起它的图案。那是一条包身裙，中间有一条皮带穿过，上面装饰着深绿色和浅绿色的猫咪。当时我上身穿着一件红色的运动套衫，是妈妈在一次旧物义卖上买的，下面穿着一双棕色的凉鞋，脚趾缝里还点缀着鲜花。那是 1979 年，我还不到五岁。其实我已经忘记那条裙子很久了，但当一个女生朋友在聊天的过程中提到 Clothkits 这个名字时，仿佛有一扇门突然打开了过去的某个瞬间，引起了我强烈的共鸣。”这个品牌创立于 1968 年，到了 20 世纪 80 年代末，基本上已经从人们的生活中消失了，但坚定与幸运让凯·马维尔又把它带回来了。

B Clothkits 品牌是由设计师安妮·肯尼迪创立的，她提出了一个巧妙的想法，即将图案直接印在彩色织物上，这样就不需要纸质图案了。它还附有说明书，几乎任何人都可以按照说明书的要求，学会如何把碎片剪下来并缝制在一起。肯尼迪说：“我当时强烈反对那些刻板化的纺织品设计。我的兴趣是民间艺术和易缝制的衣服，在我的衣柜里有很多未完成的缝纫‘灾难’。”Clothkits 始终体现了 20 世纪 60 年代末和 70 年代的精神。它最初的设计是一条几何条纹的裙子，有橙色、粉红色、青绿色和紫色。它的售价为 25 先令（1.25 英镑），在《观察家报》报道后，肯尼迪收到了价值超过 2,000 英镑的订单。她在苏塞克斯郡的刘易斯经营这家公司，在其巅峰时期，该公司雇用了 400 多名员工，产品销往全球 44 个国家。缝制自己衣服的这种套系图案形成了业务的核心，针织品为辅。肯尼迪的孩子们通过在照片中穿着它们来展示这些图案。

C 肯尼迪在 20 世纪 80 年代末出售了公司。邮政罢工和新计算机系统（当时占据了整个房间）再加上在管理上遇到了一些问题，“但时代也在变，”她说。“越来越多的女性外出工作，为孩子做的针线活也越来越少。”她把公司卖给了其中一家供应商，供应商又把它卖给了 Freeman's 公司，该公司利用肯尼迪令人赞叹的数据库，将 Clothkits 和自己的品牌共同经营了一段时间。但 Freeman's 作为一家大型企业所持有的道德观念与 Clothkits 品牌另类的艺术价值并不匹配。1991 年，Clothkits 进入休眠状态，如果不是因为马维尔着迷于探究 Clothkits 发生了什么，这个故事可能就结束了。

D 马维尔的母亲在她十岁的时候给她买了一台缝纫机，教她基本的图案剪裁和服装制作，鼓励她不断摸索，用颜色和图案做实验。马维尔做的第一件衣服是一条裤子，是在现有的裤子上进行勾画制作的。在她快三十岁时，她花了五年时间研究数字化现代雕刻装置。"这是一次令人惊叹的、思维开阔的经历，但我知道，实践艺术家并不是一个谋生的手段。我当时在寻找一种可以在具备商业竞争力的情况下就业于创意产业的方式。"这段经历激励了马维尔重返校园，在奇切斯特大学攻读美术学位。她对复古面料的热情让她再次回到了 Clothkits，复古面料是她母亲鼓励她开始收集的。从 Clothkits 开始，马维尔开启了抵达 Freeman's 公司核心的旅程。与 Freeman's 公司的谈判花费了 18 个月，但在 2007 年 10 月 Clothkits 正式成为了马维尔的公司。

E Clothkits 的道德精神保持不变，马维尔感到自豪的是，她的面料都是在伦敦或英格兰北部印染的，而且包装材料保持在绝对最低限度。"我希望感受到，每个从设计到生产都参与到品牌中的人，都是我可以见证到的。我看不到在世界另一边进行制作的意义，因为这不是 Clothkits 一直以来所做的事情。"当然，Clothkits 的复兴也与人们对不环保的社会的日益不满相契合，以及由此产生的对缝纫和针织等技能的兴趣复苏。"自己做衣服能让你更好地欣赏衣服的制作工艺，"马维尔说。"当你了解一件裙子的制作过程时，你会珍惜它，但如果你是从一家大规模生产的制造商那里买来的话，你就不会这么珍惜了。"

Writing Task 1 ▶▶▶

见《剑桥雅思官方真题集 18 培训类》P54

审　题

你马上要在一个企业进行三个月的工作实习。

给这个你马上要去实习企业的经理写一封信件。在信中：

- 感谢经理给予了这个实习的机会
- 解释你希望从这次实习期中学到什么
- 提问一些有关你马上要开始的实习的问题

写作思路

确定语气

　　题目要求给实习单位的经理写信，所以首先明确信件的语气应该是非常正式的。从写作题目提示的称谓 Dear Sir or Madam 可以看出这封信件需要我们使用专业且尊重的语气（a professional and respectful tone）。另外，经理通常日常工作繁忙，所以信件内容应该简练并积极向上，尽量透露出马上要开始工作的激情和克服困难的决心。

题目整体分析

　　对于有一定工作经验的考生而言，审题和构思难度不大，结合自己的求职等工作经验完成三个要点的回答即可。但是，需要注意第三个要点 "ask some questions" 中的 questions 是复数的形式，那么就需要考生提出两个以上的问题，否则就是没有达到题目的要求。而对于没有太多工作经验的考生来说，需要结合日常交流和电视媒体剧情等进行合理想象分析。首先，我们要理解 doing work experience in an organisation 的意思相当于实习。一般是学生或者毕业生为了提升简历、增加工作经验而参加的实习工作。实习期间需要跟随老员工一起完成任务，并参加相关培训提升职业技能。实习期间可能带薪也可能无偿，时间长度也不一定，但是本题明确了实习周期为三个月。

全文结构

　　本题第一个要点是感谢经理提供了这次实习机会。那么，在表明写信目的之后（writing to inquire about the work experience I am scheduled to do at your esteemed company，意为咨询马上要在

贵公司开始的实习工作），考生需要使用正式的语言表示感谢。比如 express my sincere gratitude for the work experience（表达我能够参与这次实习的诚挚感谢），thank for offering me this valuable opportunity（感谢您提供了这次宝贵的机会）。表达完感谢之情后，考生们可以适当地补充一句自己一直很喜欢该公司或者一直想要去这个公司学习（it has always been my aspiration to work at your company）。

第二个要点要求考生解释希望从此次实习机会中学到的内容。这一要求可以从两个角度进行分析：软技能和硬技能（soft skills and hard skills）。在软技能方面，考生可以描述沟通技能的提升（improve my communication skills）；在硬技能方面，可以描述与实际工作相关的技术类技能，比如更熟练地使用特定软件（be more proficient at using some software programmes）等。

第三个要点要求考生提出一些跟实习工作相关的问题。结合实习期间的工作内容，考生可以提出关于和哪位老员工一起工作（who will be my supervisor or mentor during the work experience），工作开始前需要提前做好什么准备才能更好地完成当天的任务（what should I learn more about before start my work）之类的问题。

考官作文

见《剑桥雅思官方真题集 18 培训类》P133

参考译文

> 尊敬的先生或女士：
>
> 　　我非常激动我将于 6 月 10 号开始在 RRN 广播公司进行实习工作，非常感谢您给予我这个宝贵的机会。能有这次机会更深入地了解这个我一直向往的行业，我深感荣幸。
>
> 　　正如我在面试时说的一样，我对社区电视尤其感兴趣，我也非常希望能提高自己在声音工程方面的技能。此外，我非常希望提高我的软技能，比如团队合作、问题解决和有效沟通。
>
> 　　我想问一下公司是否已经决定把我分配到哪个团队，以及我会不会被安排一个导师。我希望开始工作前能通过做一些调查来做好准备。我还想再确认一点：我将去纽敦的制作公司还是去市中心的总部工作？
>
> 　　期待收到您的回复。
>
> 　　谨致问候

分　析

★ 另一个考官对此考官作文的点评

此篇考习作没有打分，以下是考官评语的翻译。

这是一篇出色的写作回应。该回应完全回答了题目中的三个要点，并且使用了适当的语气与公司的经理沟通。回应的格式符合标准书信格式，包含适当的落款，全文推进清晰明了。

文中使用的词汇丰富且准确（gain some insight into / develop my soft skills / mentor assigned），没有错误。习作使用了多样的语法结构，包含条件状语从句（if）和被动语态（it has been decided），以及准确的多从句结构。

这是一个高水平回应的优秀示范。

★解读考官点评

行文语气方面

点评的考官称该考生习作的语气合适。Test 1 的考官点评也是类似的好评，这说明写答卷的考官们非常熟悉不同的书信要求，能准确判断题目书信应用哪种语气。Test 1 的书信属于友情信，而且话题是喜气洋洋的节日主题，使用热情兴奋的非正式语气非常合适。相反，Test 2 的书信是跟经理交流的询问信，应使用正式的、较为谦恭有礼的语气。考生们备考时，可以按照不同信件类型积累相关表达。比如，此篇考官习作中使用的感谢和咨询句式：I would like to thank you very much for...，I am grateful to have the chance to...，I am hoping to...，I was wondering if...。另外需要注意的是这些句子都没有使用缩写（类似于 I'm，I'd like to 的缩写形式），由此可以看出在正式书信中，考生们要尽量避免使用缩写形式。

任务完成和衔接方面

点评考官在点评时用词简练，没有使用任何副词，如 fully（充分地），skillfully（娴熟地），只用了一个形容词 strong（突出的）概括该习作的任务完成情况。这也许说明该考官习作还有一些提升空间。但对广大考生而言，我们还是可以从考官习作和考官点评中了解到，只要针对题目给出的三个要点进行合理的拓展，就可以满足任务完成的要求。

此篇习作关于第三个要点的写作最值得考生们学习借鉴，因为国内很多英文考试都不会要求考生进行提问，所以一旦遇到提问的情况，考生们可能会犯难。因此，考生们要积累此习作的提问句式：I was wondering if sth. has been decided and whether I will have... 使用的是过去进行时，语气正式而且有礼貌，符合提问经理的写作要求。另外，需要注意在 I was wondering if / whether... 这个句型中，if / whether 后需使用陈述句语序。

此篇习作的书信结构也非常值得考生们学习模仿。点评考官使用了 correct（准确的）来点评信件的格式，突出表扬了该习作的落款。因为信件包含了提问，所以结尾的 I am looking forward to hearing from you. 的使用是合适的。考生们需要注意该句式中 to 为介词，故其后需要使用 v-ing 形式。

词汇和语法方面

点评考官使用了 wide（广泛的）和 precise（精准的）评价该考官习作。考生们在备考时，不仅要注意扩充关于不同话题的词汇量，还要注意是否能将这些词汇准确地运用到写作中。这就要求考生们在使用词汇书或者软件记单词时，多加一步，即学习单词的例句。学习例句是一个准确掌握该词汇使用的方法。同时，例句也会给出常见的词汇搭配。点评考官在点评时通常不会只点评某个词汇特别好，而是会给出一个搭配，比如该习作中的 gain some insight into（从某方面获得见解）。在语法方面，点评考官突出点评了三个语法特点：条件状语从句的使用、被动语态的使用以及含有多个从句的句子。大部分考生在备考时，基本上都能准确写出条件状语从句。但是，因为汉语思维中很少有被动的概念，所以考生们在练习时无法很自然地使用被动句。其实在英文写作中，被动语态使用得很广泛，当我们不确定动作的发起者是谁或者不愿提及是谁时，都可以使用被动语态进行写作。最后，考官很青睐含有两个以上从句的句子使用。在提高语法准确度的同时，考生们亦可积累类似 If..., we can...so that...句式帮助提高语法多样性。

Writing Task 2 ▶▶▶

题目要求

见《剑桥雅思官方真题集 18 培训类》P55

审 题

当我们第一次与某人见面时，我们通常会非常快速地决定我们对这个人的看法和我们是否喜欢这个人。

这是一个好的还是不好的事情？

写作思路

审题之后，我们发现本题属于利弊类题型，但是不同于好处是否大于坏处的题型（advantages outweigh disadvantages），这个题目的问法是一件好事还是坏事（a good thing or a bad thing）。针对此问法，考生可以选择一边倒或者两方面都提及的写作结构。也就是说，文章可以有三种立场：一是考生认为这是一件非常好的事情，只提好处；二是考生认为这是一件非常不好的事情，只提坏处；三是考生认为这件事有好有坏，需要具体分析不同情况才能得出结论。

在实际考试时，因为无法做大量的调查，充分地分析某事的利弊，所以相对来说，第三种立场更好写，即在规定时间（40分钟）内完成这篇文章的写作，且能留出一些时间检查拼写和语法问题。

考生在审题时可以思考在什么情形中，我们需要立刻对陌生人做出评价。考生可以从工作、学习以及日常生活的角度出发思考论点。比如，在工作中通常招聘时需要快速评价求职者（quickly evaluate job applicants during the recruitment process），而在学习中，可能试听某个课程时需要决定是否要继续跟着老师学习（help decide whether or not to continue with a teacher while attending a trial class），而生活中则可能是第一次见到相亲对象，决定是否要继续进行约会还是提早回家（meet a blind date for the first time and decide whether to continue the date or leave early）。快速评价可以节省双方的时间（save time for both parties），甚至避免误入狼口（prevent falling into a trap）。

相反地，快速评价他人也会带来一些问题。其中，最主要的问题是我们可能没有意识到的主观偏见（bias）。有的人可能性格腼腆内向（shy and introverted），不善言辞和打扮（not good at expressing themselves or dressing well），所以给人的第一印象（first impression）不会特别好，如果快速做出评价可能会让我们失去潜在的优秀员工、优秀的老师、甚至是优质的对象。

考官作文

见《剑桥雅思官方真题集 18 培训类》P134

参考译文

　　一些人认为我们在初次见面 30 秒内就会对他人形成一个看法。一个人的衣服、面部表情、甚至是他们握手的方式都会对我们的评价产生深刻的影响。但是这个人类天性是好还是坏呢？

　　我们过于快速地评价他人的行为有点不公平。很多人有过不幸的人生经历，这些经历影响了他们与新人见面时的自信。害羞可能会让他们看起来冷漠和高冷，但是当我们给他们一些预热的时间之后，这个起初冷酷的表面形象可能会慢慢融化。其他一些人没有钱去打扮自己以留下一个好印象。无可避免地，如果很快地否认这些人，我们可能会错失潜在的友情、生意机会甚至是情感关系。

　　另一个方面也值得考虑。我们都知道第一印象会产生的影响。甚至有句话是这样说的"你没有第二次机会再创造初次印象"。意识到这个问题应该促使我们总是以一种友好的、尊重他人的方式去对待他人。如果我们努力给遇见的人留下好的印象，这可以提高我们整体的幸福感和安康感。

　　总的来说，毫无疑问太快地评价他人会带来负面的后果。但是知道初次印象的力量之后，可以让我们保持警觉，促使我们去审视自己给他人留下了什么印象。除此之外，快速读懂他人的能力也可以防止我们被有不良企图之人轻易欺骗。

分　析

★另一个考官对此考官作文的点评

此篇考官习作没有打分，以下是考官评语的翻译。

　　这篇习作呈现了争论的双方观点，而且结尾总结了过早形成印象可以是正面的或者是负面的。第二段描述了过快评判他人的坏处，如自信心过低的影响、过于内向或者是没有时髦衣服。该段落还提到，如果人们过于苛刻地评价他人，可能会错失友情、机会和爱情。

　　第三段与题目要求不太相关。题目要求考生讨论我们对初次见面的人评价和我们是否喜欢他们，但是该段主要提供了如何在初次见面时表现的建议。这个段落应与题目要求保持一致，并描述快速形成早期印象的好处。

　　这篇习作里使用了非常丰富的词汇，包含有一些高水平的词汇（affect their confidence / aloof / icy persona / strive to make / come across）。总体而言，该回应包含了一系列准确且复杂的语法结构，有很多含有多个从句的长句。

　　词汇和语法在这篇习作中非常突出、准确且灵活。要提高整篇习作的水平，第三段可以更清晰地描述对我们遇到的人快速做出决定的好处。

★ 解读考官点评

得分

该考官没有给同事的习作进行打分，也没有给出 Task 1 点评中出现的赞扬 "strong, a good example of a higher-level response"。这表明该考官习作在某些方面还需要改进。但是，点评的考官对该习作的词汇和语法表现给予了极高的评价。通过学习如何提高任务回应和衔接，以及掌握该习作词汇和语法的优点，考生们可以更好地完成类似该题目的写作。

任务回应

根据点评考官的评价，我们可以得知该习作所持的立场是第三种，即初次见面时做出快速判断会产生积极和消极的影响。然而，该考官习作在文章中并没有描述积极的影响。这种问题通常是由缺乏大纲导致的，考生在写作之前应该花 5 分钟左右的时间确定自己的立场和全文结构，以确保全文立场一致。遇到类似的题目，考生可以在第二段分析坏处，在第三段分析好处，最后在结尾段呼应开头段的立场，这样才能避免出现类似于该考官文章的问题。

连贯与衔接

因为没有写好处段，该考官习作在连贯与衔接的评分标准中也没有得到好评。点评考官没有提及该习作在连贯与衔接需要做好的地方，比如自如地使用不同的衔接手段。考生们在写作中，还是要多使用 linkers and cohesive devices（连词和衔接手段）。针对连贯与衔接，点评考官使用了总分结构进行点评。中心句 "The third paragraph is not entirely relevant." 引出该点评考官接下来要讨论的点。接下来，点评考官指出题目关键词是 the kind of person, we like them，这些应该是第三段讨论的内容，而不是初次见面的建议。点评考官最后一句话提醒考生要更加扣题，描述好处。点评考官的整个段落描述是一个很好的段落写作的示范。如果考官习作也运用类似的结构描述初次见面做出快速判断所带来的好处，那么连贯与衔接方面肯定会取得很高的评价。因此，考生们要多多练习在正式写作前如何审题、明确题目要求，并罗列大纲。切不可因为觉得话题熟悉而大意。

词汇丰富度与语法多样性

此篇考官习作的词汇和语法得到了很高的评价。词汇方面虽然没有做到满分要求的"自然地使用并掌握复杂的词汇特征"，但是也得到了点评考官的赞扬。需要注意的是，如果考官习作讨论了好处，并使用相关高水平且不常见的词汇进行描述，也许就会得到满分的词汇点评。这篇习作中值得考生们学习的词汇表达有很多，考生们可以根据话题和词性做好分类，这样有利于准确使用词汇并减少错误。此外，此习作中出现的 phrasal verbs（动词短语）也值得考生们学习，例如 write sb. / sth. off（认为……无用；认定……失败）。考生们备考时，可以通过专门学习动词短语、词汇搭配、英语习语来提高整体词汇的丰富和准确程度。语法方面，因为习作是考官完成的，准确程度非常高，没有语法错误，这是英语学习者难以望其项背的。但如果在备考过程中，考生们积极主动地提高自己的语法准确度，考试时肯定能写出大部分没有语法错误的句子。

Test 2 Speaking

Part 1 ▶▶▶

第一部分：考官会介绍自己并确认考生身份，然后打开录音机或录音笔，报出考试名称、时间、地点等考试信息。考官接下来会围绕考生的学习、工作、住宿或其他相关话题展开提问。

话题举例

★ Science

1 **Did you like studying science when you were at school? [Why/Why not?]**

Absolutely! I found science incredibly *captivating* and *was always eager to learn* more about the natural world. Physics, biology, and chemistry classes gave me a chance to explore topics like the *laws of physics*, the human body, and the environment. One particular experiment that *stands out* in my mind was in chemistry class, where we conducted *a series of* reactions to produce different colours of flames. This *hands-on approach* to science made it even more *engaging* for me.

captivating 迷人的	be eager to learn sth. 渴望学习某事
law of physics 物理定律	stand out 突出
a series of 一系列的	hands-on 实践性的
approach 方式	engaging 吸引人的

2 **What do you remember about your science teachers at school?**

I had several science teachers throughout my *schooling*, but the ones who *left a lasting impression on me* were those who *were passionate about* their subjects and made learning enjoyable. They were knowledgeable and *approachable*, and always encouraged us to ask questions and explore our surroundings. I remember my biology teacher, who would bring interesting *specimens and artefacts* to show us. This practical demonstration *ignited my interest* in the subject, and I *developed a deeper appreciation* for the world around us.

schooling 学校教育	leave a lasting impression on sb.
be passionate about 对……充满热情	给某人留下深刻印象
approachable 平易近人的	specimen and artefact 标本和人工制品
ignite one's interest 激发某人的兴趣	develop a deeper appreciation 培养更深层次的欣赏

3 **How interested are you in science now? [Why/Why not?]**

Although I'm not currently working in a science-related field, I remain fascinated by *scientific advancements and discoveries*. Every day, I try to *keep up-to-date* with the latest developments, from *medical breakthroughs* to *technological advancements* that are *shaping our daily lives*. For instance, I'm currently following the developments in *quantum computing* and how it has the potential to *revolutionize computing* as we know it.

scientific advancement and discovery 科学进步和发现	keep up-to-date 保持不落伍
medical breakthrough 医学突破	technological advancement 技术进步
shape one's daily lives 塑造某人的日常生活	quantum computing 量子计算
revolutionize computing 革命性地改变计算	

4 **What do you think has been an important recent scientific development? [Why?]**

I believe the development of mRNA *vaccines* is a *significant scientific breakthrough*. Compared to traditional vaccines, they are more *adaptable* and faster to produce, which *has the potential to* revolutionize vaccine development for various diseases. The recent mRNA vaccines have *demonstrated their effectiveness* against COVID-19, which has helped *speed up* the vaccination process worldwide. This development has shown how science can directly and positively impact our daily lives, and I'm excited to see what other advancements science will bring in the future.

vaccine 疫苗	significant scientific breakthrough 重要的科学突破
adaptable 适应性强的	have the potential to 有……的可能性
demonstrate effectiveness 展现有效性	speed up 加快速度

Part 2 ▶▶▶

第二部分：考官给考生一张话题卡（Cue card），考生有 1 分钟准备时间，并可以做笔记（考官会给考生笔和纸），之后考生要作 1~2 分钟的陈述。考生讲完后，考官会就考生阐述的内容提一两个相关问题，由考生作简要回答。

Describe a tourist attraction in your country that you would recommend.
You should say:

　　what the tourist attraction is

　　where in your country this tourist attraction is

　　what visitors can see and do at this tourist attraction

and explain why you would recommend this tourist attraction.

话题卡说明

　　本题要描述一个你所推荐的位于本国的旅游景点。这道题目的选材很多，建议在描述的时候增加和所描述景点相匹配的相关细节和形容词，也可以适当加入个人经历来丰富答案的内容。

开篇介绍	Well, if you're ever in Hangzhou, China, make sure to **check out** West Lake, one of the most **breathtakingly beautiful** places in the world. It's no wonder that it's called the "**paradise on earth**"! It is surrounded by **lush greenery** and **stunning scenery** that attracts tourists from all over the world.
描述景点概要	West Lake offers visitors an unforgettable experience that combines history, culture, and nature. You can **take a** leisurely **boat ride**, **stroll along** the many paths, or explore the numerous **historic landmarks** located nearby. The cherry trees, willows, and **bamboo groves** lining the paths add to the **picturesque scenery**, making it an **Instagram-worthy spot**.
描述活动和风景	What I love about West Lake is that there are so many activities to enjoy. From **paddle boating** to hiking and cycling, there's **something for everyone** to enjoy. You can go solo or with family and friends, and you're sure to find something that appeals to you. One of the best things about West Lake is the **tranquil and calming atmosphere**. It's the perfect place to **unwind** while **taking in** the beautiful surroundings. The cultural landmarks nearby provide **a glimpse into the rich heritage** of Hangzhou.
为何推荐	Overall, I highly recommend visiting West Lake. It's **a must-see destination** that's sure to **leave a lasting impression** on anyone who experiences its beauty and charm. So, make sure to add it to your **travel bucket list**!

重点词句

check out	看一看	paddle boating	划船
breathtakingly beautiful	令人惊叹的美丽	something for everyone	人人都有所爱
paradise on earth	[习语] 人间天堂	tranquil and calming atmosphere	
lush greenery	茂密的绿色植被		安静平和的氛围
stunning scenery	惊人的风景	unwind	放松
take a boat ride	乘坐轮渡	take in	享受
stroll along	沿着……散步	a glimpse into the rich heritage	
historic landmark	历史名胜		领略丰富的遗产
bamboo grove	竹林	a must-see destination	必去景点
picturesque scenery	如画般的风景	leave a lasting impression	留下令人深刻的印象
Instagram-worthy spot	值得拍照的景点	travel bucket list	旅游清单

Part 3 ▶▶▶

第三部分：双向讨论（4~5分钟）。考官与考生围绕由第二部分引申出来的一些比较抽象的话题进行讨论。第三部分的话题是对第二部分话题卡内容的深化和拓展。

话题举例

★ Museums and art galleries

1 **What are the most popular museums and art galleries in … / where you live?**

Well, *when it comes to* popular museums and art galleries in China, I think the Palace Museum, also known as the Forbidden City, *takes the cake*. It's *located right in the heart of* Beijing and was the *imperial palace* for more than 500 years. The Palace Museum has an impressive collection of artefacts, artworks, and historical objects that showcase China's *rich culture and history*. It attracts plenty of visitors every year *from home and abroad*. Other *notable* museums and art galleries in China include the National Museum of China, the Shanghai Museum, and the Guangdong Museum.

when it comes to 当说到	take the cake [习语] 获胜，得奖
be located right in the heart of 位于中心地带	imperial palace 皇宫
rich culture and history 丰富的文化和历史	from home and abroad 海内外
notable 著名的	

2 **Do you believe that all museums and art galleries should be free?**

That's a tough one. While I do think that museums and art galleries should *be accessible to everyone*, I don't necessarily believe that they should be *completely free*. After all, these institutions require funding to maintain their collections, facilities, and staff. However, it's essential to *strike a balance* between making these *cultural treasures* available to everyone and ensuring their *financial sustainability*. One possible solution could be to offer reduced *admission fees* for students, seniors, and low-income individuals while *charging regular fees* for others.

be accessible to everyone 对所有人开放	completely free 完全免费
strike a balance 取得平衡	cultural treasure 文化瑰宝
financial sustainability 财务可持续性	admission fee 门票价格
charge regular fee 收取常规费用	

3 **What kinds of things make a museum or art gallery an interesting place to visit?**

So, what makes a museum or art gallery interesting? Well, for starters, it should have a *diverse and well-curated collection* that's both *engaging and informative*. The staff should also be *knowledgeable and passionate* about the artworks or artefacts on display and be able to *provide context and insight*. In addition, the museum or gallery's architecture and design should *complement the exhibits*, creating an *immersive and memorable experience* for visitors. Finally, *interactive exhibits*, *multimedia displays*, and *hands-on activities* can also make a museum or art gallery more engaging and accessible to the mass audience. Ultimately, a great museum or art gallery should *spark curiosity*, *inspire imagination*, and *deepen our understanding* of the world around us.

diverse and well-curated collection 多样化和精心策划的收藏品	engaging and informative 吸引人和有信息量的
knowledgeable and passionate 知识渊博且充满热情的	provide context and insight 提供背景知识和深入的见解
immersive and memorable experience 沉浸式和难忘的体验	complement the exhibit 与展品相辅相成
hands-on activity 亲身体验的活动	interactive exhibit 互动展品
inspire imagination 激发想象力	multimedia display 多媒体展示
	spark curiosity 引发好奇心
	deepen one's understanding 加深某人的理解

★ The holiday industry

1 Why, do you think, do some people book package holidays rather than travelling independently?

Well, there are a few reasons for this. First of all, booking a package holiday is super convenient as everything is already *sorted out* for you. This is especially great if you're *short on time* or if you're going to a *destination* you're not familiar with. Plus, you can often get *better deals* and *discounts* on *accommodation*, *transportation*, and activities with a package tour. And last but not least, if you're a *social butterfly*, a package tour can be a great way to make new friends, as *group tours* are often included.

sort out 安排妥当	be short on time 时间不够
destination 目的地	better deal 更好的交易
discount 折扣	accommodation 住宿
transportation 交通方式	social butterfly [习语] 社交达人
group tour 团体旅游	

2 Would you say that large numbers of tourists cause problems for local people?

Oh yeah, definitely. When a lot of tourists *descend on a destination*, it can *be tough on the local community*. Resources like water, energy, and transportation can get *stretched thin*, which leads to more pollution and *traffic congestion*. This can be *a real drag* for the environment and locals. Plus, tourists don't always understand the *local customs and traditions*, which can lead to *misunderstandings* and *conflicts*. Finally, when tourism *drives up prices*, it can *make life difficult* for locals who are just trying to *get by*.

descend on a destination 涌向一个目的地	be tough on the local community
stretch thin [习语] 资源稀缺	给当地社区造成困难
traffic congestion 交通堵塞	a real drag 真正的负担
local custom and tradition 地方习俗和传统	misunderstanding 误解
conflict 冲突	drive up price 推高价格
make life difficult 使生活困难	get by 勉强过活

3 **What sort of impact can large holiday resorts have on environment?**

Big holiday resorts can really *mess with the environment*. For one thing, building these resorts can lead to *deforestation*, *habitat destruction*, and *ecosystem disruption*. Plus, these resorts use a lot of energy, water, and other resources, which can *put a real strain* on the *local supply*. This often leads to more pollution and *waste*, which is obviously not great. Additionally, the resorts themselves generate a lot of waste and *sewage*, which can *seriously mess with* local *water sources* and the *marine life* that depends on them. Finally, all the extra tourism can lead to more traffic, noise pollution, and *infrastructure damage*, which can really *put a damper on* the local environment.

mess with the environment 破坏环境	deforestation 滥伐森林
habitat destruction 栖息地破坏	ecosystem disruption 生态系统破坏
put a real strain on [习语] 给某事造成严重压力	local supply 当地供应
waste 废弃物	sewage 污水
seriously mess with 严重干扰	water source 水源
marine life 海洋生物	infrastructure damage 基础设施破坏
put a damper on [习语] 扫兴	

Test 3 *Listening*

Part 1 ▶▶▶

场景介绍

　　Dan 打电话想要加入 Wayside 摄影俱乐部，接听电话的 Breda 了解了 Dan 的一些个人信息，如姓名、地址、想要加入俱乐部的原因等。之后 Dan 讲到他以往参加过的三次摄影比赛，以及相关的反馈。

必背词汇

join	v. 加入；参加	domestic	adj. 家庭的；家用的
club	n. 俱乐部	feedback	n. 反馈的意见（或信息）
application	n. 申请	judge	n. 裁判员，评判员
form	n. 表格	mistake	n. 错误
complete	v. 填写（表格）；完成	coast	n. 海岸，海滨
internet	n. 互联网	theme	n. 主题
relative	n. 亲戚，亲属	instruction	n. 指示，说明
member	n. 成员；会员	cloud	n. 云，云朵
competition	n. 比赛，竞赛	timing	n. 时机，时机的掌握
socialise	v. 交际，（和他人）交往	magic	n. 魔力；魅力；魔法
membership	n. 会员资格	movement	n. 移动；活动
option	n. 选择；可选择的事物	scene	n. 场面，情景，景象
photography	n. 摄影	dark	adj. 黑暗的，昏暗的

拓展词汇

mile	n. 英里	sunset	n. 晚霞，日落
photographer	n. 拍照者，摄影师	capture	v. 拍摄；捕获
associate	adj. 非正式的，准的，副的	subject	n. 主题；题目
vote	v. 投票	shot	n. 照片
entitle	v. 给……命名	suspect	v. 觉得，认为；怀疑
relate to	与……相关；涉及	keen	adj. 热衷的，渴望的
composition	n. （绘画、摄影的）构图	outline	v. 概述，略述
criticise	v. 批评；评论		

文本解析

1. That's a good idea because you can't vote in meetings with an associate membership.（选择正式会员）是个好主意，因为准会员在会议中不能投票表决。vote 在本句中作动词，意思是"投票，表决，选举"。associate 可理解为"非正式的，准的，副的"，比如 associate member 意为"准会员"，通常指的是在一些俱乐部或组织中享有部分待遇或者处于次要职位的成员，而 associate membership 就是"准会员资格"。在这句之前，Dan 选择了 full membership，可以理解为"正式会员资格"，相对于 associate membership 来说，能享有更多俱乐部待遇。

2. Aha – so it was the composition of the picture that they criticised? 啊哈，所以他们批评的是照片的构图？composition 有多种意思，因为这篇听力材料是关于摄影的，因此在这里 composition 表示摄影或绘画中的构图，picture 在这里指照片。考生请同时注意本句中包含的强调句型 "it was/is + 被强调内容 + that..."，在一些雅思听力题目中，强调句型可以辅助定位到句子中的重要信息。

3. I got a great shot of a fox in the end, but I took it at night and, well, I suspected that it was a bit dark, which is what I was told. 最后我拍到一张很棒的狐狸照片，但我是夜间拍的，我觉得有点暗，别人是这样和我说的。shot 一词有多种意思，在本句里为名词，意思是"照片"。本句中的 which 指的是前面提及的 it was a bit dark。句末的 what 从句使用了被动语态，字面意思是"这就是我被告知的"，也就是说，别人告诉 Dan 是这样的。

题目解析

答案速查： 1. Marrowfield　2. relative　3. socialise / socialize　4. full　5. Domestic Life
6. clouds　7. timing　8. Animal Magic　9. (animal) movement　10. dark

　　本节题目包括 4 道个人信息填空题和 6 道表格填空题。需注意词数要求的不同，前 4 题为 ONE WORD AND/OR A NUMBER，后 6 题为 NO MORE THAN TWO WORDS。

1. 本题为常见的地点名称类题目。首先结合空前原词重现的 52 进行定位，完整名称 Marrowfield 出现之后，录音中给出字母拼写。其中，需要注意 "rr" 的拼写在原文中念作 "double r"，还需要熟悉字母 r 在英美音中的不同发音。另外，在考试中，有些地点名称不会给出拼写，考生需要注意常见词用作名称时的发音和拼写方式。

2. 审题时可结合空前的 a 预测答案为单数名词。原文中先出现 hear about our club，对应题干中的 Heard about us，大致定位在本题。紧接着原文中出现干扰信息 internet，但 Dan 的回答中出现转折 but this time，转折之后提及的名词为 relative，意思为"亲戚"。

3. 审题时可结合前一行以及空前内容预测答案为动词相关内容。原文中首先原词重现空格上面一行的 competitions；之后 Breda 问 "Anything else?"，说明进入下一项内容，即本题所在行。接下来 Dan 的回答中的动词相关内容为 socialise/socialize，意思为"交际，交往"。

4. 原文首先给出两个选择：对应题干关键信息 £30 的 full membership，以及 £20 相关信息 associate。紧接着 Dan 的回答确认了 full membership，因此答案为 full。

5. 本题结合表头中的 Title 可预测答案为标题、名称相关内容。原文中首先提及 first one，对应表格中本题所在行。紧接着 Dan 提及 entitled，意思为"给……命名"，之后紧跟答案 Domestic Life。

6 审题时可结合空前 some 预测答案为名词相关内容。原文中首先提及 second competition，大致定位到本行内容。接下来原文提及 beautiful sunsets，而且 sunsets 一词重复出现，定位在本题左边一格中的 'Beautiful Sunsets'。之后 Dan 提及 instructions，本题所在竖行的表头原词重现，本句中出现的名词为 clouds。另外需要注意的是，本句中的 capture 意思为"拍摄"。

7 审题时可结合空前后内容预测答案为名词相关内容。原文中首先 feedback 原词重现，对应本题所在竖行的表头。同一句中提及 waited a bit longer，与时间有关，但没有出现名词。接下来 Breda 提及名词 timing，意思为"时机，时机的掌握"。同一句中的 wasn't right 对应题干里的 wrong。

8 本题与第 5 题定位方式相似。结合表头预测答案为标题、名称相关内容。原文中首先提及 And then 以及 third competition，大致定位到本行内容。接下来 called 提示名称将要出现，后面紧跟答案 Animal Magic。

9 本题中题干的 Scene 和答案乱序出现。审题时可结合空前内容预测答案为名词相关内容。原文中先提及动物们 move all the time，起到提示作用，但词性不符合。下一句出现符合词性预测的名词 movement，之后出现 in the scene。

10 审题时结合空前内容预测答案为形容词相关内容。原文在第 9 题后面一句提到 a great shot of a fox，这里的 shot 为名词，意思是"照片"，对应空前的 photograph。同一句中出现了形容词，即答案 dark。

Part 2 ▶▶▶

场景介绍

本篇为 Dan Beagle 介绍采摘野生蘑菇，其中介绍了相关的安全问题，之后还讲到了采摘地点、自然环境保护、蘑菇的贮存和做法。

必背词汇

pick	v. 采，摘	consume	v. 吃，喝；消耗，消费
mushroom	n. 蘑菇	neighbour	n. 邻居
variety	n. 不同种类，多种式样	taste	n. 味道
wild	adj. 野生的 n. 野生状态	aware	adj. 知道的；意识到的
peel	v. 剥皮，去皮	harm	n. 伤害，损害
smell	n. 气味	salad	n. 沙拉
wooded	adj. 长满树木的	countryside	n. 乡村，农村
wildlife	n. 野生动物，野生生物	habitat	n. （动植物的）生活环境
app	n. 应用程序，应用软件	rely on	依赖，依靠
group	n. 组，群	wood	n. 树林，林地
conservation	n. （对自然环境的）保护	expert	n. 专家
avoid	v. 避免，避开	need	n. 需要
store	v. 贮存，保存	endanger	v. 使遭危险，危害
fridge	n. 冰箱	protect	v. 保护
safety	n. 安全	dish	n. 一道菜；菜肴

拓展词汇

edible	*adj.*（无毒而）可以吃的	associate	*v.* 联系
poisonous	*adj.* 引起中毒的；有毒的	recommend	*v.* 推荐
reference	*n.* 参考；参考书目	signal	*n.* 信号
decline	*n.* 减少，下降	consideration	*n.* 仔细考虑，斟酌
recipe	*n.* 食谱	trample	*v.* 踩碎，踩伤
similar	*adj.* 相像的，类似的	source	*v.*（从……）获得
confused	*adj.* 糊涂的，迷惑的	reservoir	*n.* 水库；蓄水池
beat	*v.* 赛过，胜过	destroy	*v.* 毁灭；破坏
pale	*adj.* 浅色的，淡色的	adventurous	*adj.* 有冒险精神的
dull	*adj.* 不明亮的，不鲜明的	stir fry	炒菜
untrue	*adj.* 不真实的，假的	risotto	*n.* 意大利肉汁烩饭
uncooked	*adj.* 未烹煮的，生的	pasta	*n.* 意大利面食
deadly	*adj.*（可能）致命的	react	*v.*（对食物等）有不良反
deer	*n.* 鹿		应，过敏
squirrel	*n.* 松鼠	quantity	*n.* 数量

文本解析

1 But of course, you have to be very careful and that's why I always say you should never consume mushrooms picked by friends or neighbours – always remember that some poisonous mushrooms look very similar to edible ones and it's easy for people to get confused. 但是当然，你得非常小心，这就是为什么我总是说，你不应该吃朋友或邻居们采摘的蘑菇——总是要记住，有些毒蘑菇和可食用的蘑菇看起来非常像，人们很容易弄混。在本句中，注意 picked by friends or neighbours 修饰说明 mushrooms 一词，这里的 pick 指"采，摘"。similar to 的意思是"和……相似"。

2 There are usually a range of habitats where mushrooms grow, such as playing fields and wooded areas. But you need to be there first thing in the morning, as there's likely be a lot of competition – not just from people but wildlife too. 通常蘑菇有各种各样的生长环境，比如运动场和林区。但你需要一大早就到那儿，因为有可能面临竞争——不仅是和人，还有野生动物。在本句中，a range of 指"各种各样的，一系列的"。habitat 指"（动植物的）生活环境"。where mushrooms grow 修饰说明 habitats，也就是说"蘑菇生长的环境"。wooded 是形容词，表示"长满树木的，树木覆盖的"。first thing 意为"一大早"。

3 Restaurants are becoming more interested in locally sourced food like wild mushrooms, but the biggest problem is that so many new houses have been built in this area in the last ten years. And more water is being taken from rivers and reservoirs because of this, and mushroom habitats have been destroyed. 餐馆对于从当地获取的食物变得更有兴趣，比如野生蘑菇，但是最大的问题在于，最近十年在这个地区建了太多新房子。因此，更多的水从河流和水库中流失，蘑菇的生存环境已经被破坏了。locally 是 local 的副词形式，source 作动词时表示"（从……）获得"，这里可以看作是动词过去分词形式作形容词，那么 locally sourced food 指的就是"从当地获得的食物"。

④ But just be aware that some people can react badly to certain varieties so it's a good idea not to eat huge quantities to begin with. 但是请了解，有些人对某些种类会严重过敏，所以一开始最好不要吃大量的蘑菇。react 除了"起反应，回应"的意思以外，还可以表示"（对食物等）有不良反应，过敏"。quantity 指"数量"，huge quantities 表示"大量"，比如，huge quantities of food 可以表示"大量食物"。

题目解析

答案速查： 11~12. B C   13~14. B D   15. C   16. B   17. B   18. C   19. A   20. A

本节题目难度适中，由多选题 11~14 题和单选题 15~20 题组成。题目中出现了较多干扰信息，其中包括一些关键词听起来较明显的选项，需要充分预读题目，理解同义替换，排除干扰信息。

11~12 原文首先提及 start 和 safety，大致对应到题干中的 warnings。之后原文说到 amazing variety of mushrooms，A 选项部分关键词出现，但选项中的 more than 和 at a time 在原文中没有对应内容，因此排除 A 选项。原文在这句之后出现 But of course，but 之后的信息应加以关注。原文中的 never 对应 C 选项的 Don't，consume 对应选项的 eat，原文中的 picked by friends or neighbours 和 C 选项的 given to you 大致对应，故 C 选项正确。之后原文中的 The other thing 提示即将出现下一项内容，这是部分多选题中会出现的一种提示表述。本句中的 avoid 对应选项中的否定表述 Don't，原文中的 beside 对应 B 选项的 near，busy roads 原词重现，因此 B 选项正确。在之后的原文中，D 选项中的 pick 确实出现了，但说的是 freshly picked mushrooms，指"新鲜采摘的蘑菇"，整体表达的意思是没有什么能够胜过新鲜采摘的蘑菇的味道。E 选项中的 old，在原文中表达的含义是商店里的蘑菇经常已经放了一些天了。D、E 两项与原文表达的内容不符。因此正确答案为选项 B 和 C。

13~14 首先 wild mushrooms 原词重现，题干关键词可定位。D 选项的 brightly coloured 对应原文中的 bright red，edible 原词重现，因此 D 选项正确。C 选项的 cooking 对应原文的 cooked，但相关内容并不是选项中的 destroys toxins，而是说话者更喜欢烹饪过的蘑菇，但未烹煮放在沙拉中也没事，故排除 C 选项。A 选项的 peeled 在原文中对应 peel，但原文出现否定表述 not necessary，故排除 A 选项。E 选项中的 smell 在原文中原词重现，但相关内容出现否定表述 can't tell，也就是说，无法通过味道判断蘑菇是否安全可食用，故排除 E 选项。之后原文中出现 Finally，其作用相当于前面两题中的 The other thing，提示到了下一项内容。大致定位后，原文的 deer 和 squirrels 对应 B 选项的 animals，这种对应方式与前面 D 选项的 red 和 coloured 有相似之处。原文中提到否定表述 doesn't mean that you can，对应 B 选项中的 may be unsafe，因此 B 选项为另一个正确选项。

15 题干中的 parks 对应原文中的 park，题干关键词大致定位。A 选项的 wooded areas 原词重现，但在原文中这只是其中一个例子，原文表述的意思是，蘑菇生长在各种环境中，除了 wooded areas 还提到 playing fields 这一例子，故排除 A 选项。接下来原文中出现 But，这类词之后的内容值得关注。原文的 first thing in the morning 对应 C 选项中的 early。B 选项的 wildlife 在原文中虽然原词重现，但相关内容是 competition，而不是会打扰到动物。因此本题选 C。

16 题干中的 beginners 对应原文的 beginner，题干关键词大致定位。首先出现 C 选项相关内容，选项中的 reference book 对应原文的 book，但本句包含否定表述 wouldn't recommend，故排除 C 选项。接下来提及 A 选项，app 对应原文中的 apps，但之后出现转折词 but，然后说到不一定总是信号好，故排除 A 选项。B 选项的 group 原词重现，相关表述与原文对应，因此本题选 B。

⑰ 题干中的 conservation 在原文中原词重现，题干关键词大致定位。原文中首先说到 never pick all the mushrooms 以及 collect only enough，其中 pick 和 collect 对应 B 选项的 picking，never 和 only enough 对应 limited amount。C 选项的 rare mushroom 虽然对应原文的 endangered，但原文的意思是确保不要采摘它们，而不是选项中的避开哪些区域，排除 C 选项。A 选项的内容在原文中并未提及。因此本题选 B。

⑱ 题干中的 varieties、wild mushrooms 及 decline 在原文中原词重现（出现顺序稍有不同），题干关键词大致定位。A 选项的 restaurants 在原文中原词重现，但原文未提及 huge demand，而是说对从当地获得的食物更感兴趣，故排除 A 选项。之后出现转折词 but，相关内容中 so many 对应 C 选项的 rise，原文的 new houses 和 built 对应选项的 building developments。B 选项的 rain，虽然看似和原文提及水的 water、rivers 和 reservoirs 有关，但相关性不够直接，而且没有 lack 对应的信息，故排除 B 选项。因此本题选 C。

⑲ 题干中的 storing mushrooms 在原文中原词重现，题干关键词大致定位。B 选项中的 brown 和 bag 原词重现，但选项中的 dark room 在原文中没有提及，故排除 B 选项。A 选项的 fridge 原词重现，原文中的 a couple of days 对应 two days，而且原文提到最好尽快烹饪。C 选项中的 leave them for a period 不符合原文表述。因此本题选 A。

⑳ 题干中的 trying new varieties 大致对应原文中的 huge variety 以及 adventurous。原文中的 dishes 以及相关的三种烹饪方式：stir fries、risottos 和 pasta，对应 A 选项的 different recipes。因此本题选 A。

Part 3 ▶▶▶

场景介绍

两名学生就自动化和未来工作进行讨论。两人先探讨了 Luddites 工人因怕失去工作而破坏机器的事件，以及对于未来工作相关预测的疑问。之后两人进一步讨论了一些具体职业在未来可能会出现什么变化。

必背词汇

ineffective	adj. 无效果的，不起作用的	risk	n. 危险，风险
influential	adj. 有很大影响的	qualification	n. 资格，资历
unfair	adj. 不公正的	disposable	adj. 可自由支配的
criticism	n. 批评	income	n. 收入
attitude	n. 态度	productivity	n. 生产率；生产效率
understandable	adj. 可以理解的	seminar	n. 研讨课；研讨会
rewarding	adj. 报酬高的；有益的	automation	n. 自动化
delay	v. 延迟；延期	industrial	adj. 工业的；产业的

challenge	n. 挑战	demand	n. 要求，需求
textile	n. 纺织品	efficient	adj. 效率高的
industry	n. 工业；行业	earn	v. 挣钱，挣得
ultimately	adv. 最终；根本上	power	n. 力，能力
achieve	v. 达到，完成	administrative	adj. 管理的；行政的
positive	adj. 积极的	staff	n. 全体职工
threaten	v. 威胁	responsibility	n. 责任；负责
optimistic	adj. 乐观的	status	n. 地位；身份
negative	adj. 负面的；消极的	agricultural	adj. 农业的
leisure	n. 空闲；休闲	population	n. 人口；人口数量
evidence	n. 证据；证明	assume	v. 假定；认为
unemployment	n. 失业，无业	sector	n. 领域，行业
term	n. 期；期限	growth	n. 增长，发展
technology	n. 科技	redundant	adj. 多余的，不需要的
innovation	n. 创新；创造		

拓展词汇

revolution	n. 大变革；革命	hairdryer	n. 吹风机
massive	adj. 巨大的	secretary	n. 秘书
eye-opener	n. 使人大开眼界的事情	dictation	n. 听写
protest	v./n. 反对；抗议	typing	n. 打字
knitting	n. 编织；编织物	graduate	n. 毕业生
industrialisation	n. 工业化	census	n.（官方的）统计；人口调查
repetitive	adj. 多次重复的		
robot	n. 机器人	roughly	adv. 大约，大致
foreseeable	adj. 可预料的，可预见的	lifespan	n. 寿命
accountant	n. 会计；会计师	bleak	adj. 不乐观的，无望的
technological	adj. 科技的	clerk	n. 职员；文书
hairdressing	n. 理发	predict	v. 预言；预告
hairdresser	n. 理发师，发型师		

文本解析

1　That seminar yesterday on automation and the future of work was really good, wasn't it? Looking at the first industrial revolution in Britain in the 19th century and seeing how people reacted to massive change was a real eye-opener. 昨天关于自动化和未来工作的研讨课确实很好，不是吗？思考 19 世纪英国第一次工业革命，看到人们如何对巨变做出反应，实在让人大开眼界。在 Part 2 中，react 表示"（对食物等）有不良反应，过敏"，这里 react to... 表示"起反应，（对……）作出反应，回应"。

2 The discussion about the future of work was really optimistic for a change. I like the idea that work won't involve doing boring, repetitive tasks, as robots will do all that. Normally, you only hear negative stuff about the future. 关于未来工作的讨论有变化，确实是乐观的。我喜欢这个想法，就是工作不再包含无聊的、重复的任务，因为机器人会完成那些工作。通常情况下，关于未来你只听得到消极的东西。如果说一件事情的发生 for a change，通常意味着不是经常这样，而且说话者乐于看到这样的情况发生。对应后面提及的 Normally、only 以及 negative stuff，就可以理解这里 for a change 的意味了。

3 You might think all the technological innovations would have put them out of a job, but in fact there are more of them than ever. They're still really in demand and have become far more efficient. 你可能认为所有科技革新会将他们从职业中去除，但是实际上比以往更多。他们仍然很抢手，而且变得效率更高。这句话之前提及的是 accountants，意思为 "会计"，in demand 表示 "需求大"，在这个上下文里可以理解为很抢手。

4 A lot of graduates go in for this kind of work now... I'd expected there to be a much bigger change in the number of agricultural workers in the 19th century. But the 1871 census showed that roughly 25% of the population worked on the land. 现在很多毕业生对这类工作有兴趣……我原本期待 19 世纪农业工人的数量有更大的变化。但是 1871 年的统计显示，大约 25% 的人口在农村工作。go in for sth. 表示 "对某事物有兴趣" 或者 "爱好"。最后一句指的不是在陆地上工作，结合前面提及的 agricultural workers，the land 在这里指 "农村"。

5 They barely existed in the 19th century as people's lifespan was so much shorter. But now of course this sector will see huge growth. 他们（指前面提到的护理员 care workers）在 19 世纪几乎不存在，因为那时人们的寿命短得多。但是当然了，现在这个行业将会有巨大的增长。barely 一词除了 "仅仅，刚刚" 的意思外，还可以表示 "几乎不，几乎没有"。see 的用法比较灵活，除了 "看见" 之外，在这个上下文里可以理解为 witness，也就是 "见证" 或者 "是发生……的地点 / 时间 / 组织等"。

6 And technology will certainly make most of the jobs they do now redundant, I think. 我认为科技无疑会使他们现在做的大部分工作变得不被需要。这句话中 they do now 修饰限定 jobs。redundant 表示 "多余的，不需要的"。

题目解析

答案速查： 21~22. A E 23~24. B D 25. G 26. E 27. B 28. C 29. F 30. A

本部分由 21~24 多选题和 25~30 搭配题组成。多选题中包含的同义替换比较直接，但部分题目需要特别注意和题干关键词的对应。搭配题的选项相对较长，需要快速找出关键词，并在原文中识别同义替换。

21~22 首先题干关键词 Luddites 在原文中原词重现，大致定位到本题。原文中 didn't achieve anything 对应 A 选项中包含否定前缀的 ineffective。之后提及工业化创造更多的工作后，出现转折词 but。后来男生说的 I can see why... 对应 E 选项的 understandable，选项中的 attitude 即原文中的 felt so threatened。因此这两题选 A、E。

23~24 原文中 future of work 原词重现，题干关键词大致定位。同时需要注意题干中问的是 doubtful about。男生的举例中出现否定表述 can't see，相关内容是 more leisure time，但有证据表明工作时间更长，这里质疑的内容对应 D 选项中的 working hours 和 shorter。之后女生问到 lower unemployment，对应 B 选项中的原词 unemployment 及同义替换 fall，之后出现否定表述 not so sure，对应到题干的 doubtful。因此这两题选 B、D。

25~30

题号	题干	选项	原文
25	Accountants	G. Both employment and productivity have risen.	…would have put them out of a job, but in fact there are more of them than ever. They're still really in demand and have become far more efficient.
26	Hairdressers	E. Higher disposable income has led to a huge increase in jobs.	— I'd never have thought that demand for hairdressing would have gone up so much in the last hundred years. — …people's earning power has gone up so they can afford to spend more on personal services like that.
27	Administrative staff	B. Their role has become more interesting in recent years.	Really boring compared to these days, when they're given much more responsibility and higher status.
28	Agricultural workers	C. The number of people working in this sector has fallen dramatically.	— But the 1871 census showed that roughly 25% of the population worked on the land. — Yeah, I'd have assumed it would be more than 50%. Now it's less than 0.2%.
29	Care workers	F. There is likely to be a significant rise in demand for this service.	They barely existed in the 19th century as people's lifespan was so much shorter. But now of course this sector will see huge growth.
30	Bank clerks	A. These jobs are likely to be at risk.	— They've been in decline since ATMs were introduced in the eighties. — And technology will certainly make most of the jobs they do now redundant, I think.

25 Accountants 在原文中原词重现，定位在本题。原文中 job 出现之后，出现转折表述 but，之后提及的 more 和 in demand 对应 G 选项中 employment 方面的提升，far more efficient 对应选项中 productivity 方面的提升。

26 Hairdressers 在原文中原词重现，定位在本题。原文中 demand for hairdressing 大致对应选项 E 中的 jobs，gone up so much 对应选项中的 huge increase，之后提及的 earning power 对应选项中的 disposable income，gone up 又一次出现，对应选项中的 higher。

27 Administrative staff 在原文中原词重现，定位在本题。这道题是在比较的过程中进行反义对应，原文虽然提及 Really boring，但是这里是对比 these days，也就是说近来比以往更有趣，对应 B 选项的 more interesting。而原文中后来说到的 much more 和 higher，也进一步表现了比较。

28 Agricultural workers 在原文中原词重现，定位在本题。原文中女生首先讲到 1871 年的统计数据为大约 25%，男生说以为会多于 50%，而现在的数据是少于 0.2%。从这些数据中表现出的暴跌，可以对应 C 选项中的 fallen dramatically。

29 Care workers 在原文中原词重现，定位在本题。之后男生讲到在 19 世纪时 barely existed，后面出现转折表述 but，接下来 will 和 huge growth 可以对应 F 选项中的 likely 和 significant rise。这种职业需求在之后提及的 hard enough to meet current demand 中再次表现出来，且 demand 原词重现。

30 Bank clerks 在原文中原词重现，定位在本题。首先女生提及 decline，之后男生认为科技将会使现在做的大部分相关工作变得不被需要，redundant 对应 A 选项中的 at risk。

Part 4 ▶▶▶

场景介绍

本节是关于太空交通管理的讲座内容。主讲人首先介绍了太空交通管理系统，然后讲解了发展有效的太空交通管理会出现的各类问题以及各种解决办法。

必背词汇

management	n. 管理	trust	n. 信任
concept	n. 概念	lecture	n. 讲座
satellite	n. 卫星	manage	v. 管理，控制，操控
legal	adj. 法律的	movement	n. 移动
technical	adj. 技术的	object	n. 物体
identification	n. 识别；辨认	navigate	v. 导航
system	n. 系统	prevent	v. 防止，阻止
track	v. 追踪；跟踪	measure	n. 措施，方法
operator	n. 操作人员	accident	n. 事故
unwilling	adj. 不情愿的	launch	v. 发射
detail	n. 细节，具体情况	consist of	由……组成
military	adj. 军事的	proper	adj. 恰当的
prediction	n. 预测	space station	宇宙空间站
solution	n. 解决办法，处理手段	impossible	adj. 不可能的
standard	n. 标准，规范	essential	adj. 极其重要的
database	n. 数据库		

拓展词汇

astronomy	n. 天文学	commercial	adj. 商业的
orbit	n.（天体等运行的）轨道	competitor	n. 竞争者
collision	n. 碰撞事故	sensor	n. 传感器
relatively	adv. 相当地；相对地	constantly	adv. 始终，一直
constellation	n. 星座；星群	concerning	prep. 关于，涉及
crowded	adj. 充满的，挤满的	head	v. 朝（某方向）行进
in spite of	不管，尽管	global	adj. 全球的，全世界的
collide	v. 碰撞，相撞	congestion	n. 拥塞
entire	adj. 全部的	cope with	（成功地）对付，处理
threat	n. 威胁；形成威胁的事物	coordinate	v. 使协调；使相配合
debris	n. 残骸；碎片	numerous	adj. 众多的，许多的
junk	n. 无用的东西	spacecraft	n. 航天器，宇宙飞船

文本解析

1 The aim of such a system would be to prevent the danger of collisions in space between the objects in orbit around the Earth. In order to do this, we'd need to have a set of legal measures, and we'd also have to develop the technical systems to enable us to prevent such accidents. 这样一套系统的目的在于防止太空中地球周围轨道上的物体之间相撞造成的危险。为了避免这样的危险，我们需要有一套法律措施，还要开发技术系统，使我们能够防止这样的事故发生。a set of 表示"一套，一副，一组"。measure 在这里作名词，表示"措施，方法"。

2 So there's a lot more of them out there, and people aren't just launching single satellites but whole constellations, consisting of thousands of them designed to work together. So space is getting more crowded every day. 因此在太空里还有更多的卫星，人们不仅会发射单颗卫星，还会发射卫星星群，卫星星群由许许多多的卫星组成，是为协同工作而设计的。因此太空变得日益拥挤。consist of 表示"由……组成（或构成）"。crowded 的意思是"充满的，挤满的"或者"人多的，拥挤的"，本句中可以理解为太空中的卫星越来越多、日益拥挤。

3 So while we have international systems for ensuring we know where the planes in our skies are, and to prevent them from colliding with one another, when it comes to the safety of satellites, at present we don't have anything like enough proper ways of tracking them. 因此当我们有一些国际体系，就可以确保我们知道空中的飞机都在哪里，并防止它们互相碰撞，而当涉及卫星安全，现在我们还没有足够多合适的方式去追踪卫星。while 一词除了"当……的时候"之外，还可以表示对比两件事物，表示"……而/然而……"。prevent sb./sth. from doing sth. 表示"阻止……做某事"。track 在本句中作动词，意思是"跟踪，追踪"。

4 And even if the operators are willing to provide it, the information isn't easy to collect. Details are needed about the object itself, as well as about its location at a particular time – and remember that a satellite isn't very big, and it's likely to be moving at thousands of kilometres an hour. 即使操作人员们愿意提供，获得信息也不容易。既需要物体本身的细节信息，也需要特定时间所处的地点——

要记得卫星是不太大的，而且有可能每小时会移动成千上万公里。even if 表示"即使"。be willing to do sth. 表示"愿意做某事"，在 36 题的原文里还出现了 unwilling，be unwilling to do sth. 意思就是"不愿意做某事"。provide it 中的 it 指的是 information。be likely to do sth. 表示"有可能做某事"。at 在本句中表示"（用于速度、比率等）以，达"。

5️⃣ We don't have any sensors that can constantly follow something moving so fast, so all that the scientists can do is to put forward a prediction concerning where the satellite is heading next. 我们没有传感器可以一直跟随移动如此快的东西，因此科学家能做的所有事情就是，对于卫星接下来朝哪里行进做出预测。put forward 可理解为"提出"。concerning 意思为"关于，涉及"。head 在本句中作动词，指"朝（某方向）行进"。

6️⃣ As we continue to push forward new developments, congestion of the space environment is only going to increase. To cope with this, we need to develop a system like the one I've described to coordinate the work of the numerous spacecraft operators, but it's also essential that this system is one that establishes trust in the people that use it, both nationally and at a global level. 当我们持续推动新的发展时，太空环境的拥塞只会加剧。为了应对这种情况，我们需要开发一个系统，就像我已经描述过的，以协调众多航天器操作人员们的工作，但是也非常重要的是，这个系统在全国和全球层面建立使用者的信任。push 意为"推动，促使（达到某程度或状态）"，push forward 可以指"继续前进，推进"。cope with 指"对付，处理"。

题目解析

答案速查：31. technical 32. cheap 33. thousands 34. identification 35. tracking
　　　　　36. military 37. location 38. prediction 39. database 40. trust

　　本节为讲座类笔记填空题，需留意词数要求为 ONE WORD ONLY。题目整体难度适中。

31️⃣ 从题干中可以看出 legal 和填空内容形成并列关系，由 legal 预测答案词性同样为形容词。原文中出现 legal measures，其中 legal 原词重现帮助定位。measures 在此处用作名词，意思是"措施，方法"，是空后名词 ways 的同义替换。紧接着通过 and...also 的表述，判断出原文中即将出现并列的下一项，之后出现的形容词为 technical，即本题答案。

32️⃣ 本题结合空前的 quite 预测答案词性为形容词。通过原文中的 problems in developing... 对应到小标题。大致定位后，for one thing 这一表述的意思是"一方面"，提示到了小标题之下的其中一条。接下来 satellites 原词重现后出现的形容词为 cheap，即本题答案。空前的 quite 在原文中同义替换为 relatively，意思为"相当地"。

33️⃣ 原文中 constellations 原词重现，原文的 consisting of 对应题干空前的 made up，其中 consist of 表示"由……组成（或构成）"，make up 表示"形成，构成"。之后紧跟着出现 thousands of them，them 指的就是 satellites，因此本题答案为 thousands。

34️⃣ 本题结合空前的 help with their 预测答案词性为名词。题干中出现 not required 这部分否定相关的内容，对应原文中的 doesn't have to。雅思听力题目中的动词较容易同义替换，题干中的 transmit 意思为"传送，输送"，在原文中替换为 send back，information 原词重现。后半句紧接的内容中出现名词 identification，即本题答案。

㉟ 本题题干中需要注意复数名词 systems 前的 few。a few 表示"有些，几个"，而 few 与复数名词连用表示的是"不多，很少"。在原文中首先出现 systems 原词重现，之后提及的 don't have anything like enough... 对应题干中 few 这一概念。最后原文出现 tracking them，them 指的就是 satellites，本题答案为 tracking。

㊱ 本题结合空后并列的 commercial 预测答案词性很可能为形容词。题干中的 Operators、unwilling、share、satellites 都在原文中原词重现，details 在原文中被替换为 information。之后原文中提到 For example，虽然题干中没有直接对应表示举例的表达，但空格和并列的 commercial reasons 约等于对应举例。接下来原文中的 designed for 对应题干中的 used for，最后提及 military purposes，military 即本题答案。

㊲ 本题结合空前的 the object's 预测答案词性为名词。原文中 isn't easy 对应题干中的 hard，题干中的 collect、details、object 原词重现之后，原文中出现的 its location 即 object's location，location 即本题答案。题干最后的 at a given time 在原文中对应 at a particular time。

㊳ 本题结合空前的 make a 预测答案词性为单数名词。原文中 scientists 原词重现，all...can do 对应题干中的 can only，动词相关表达 put forward 可理解为"提出"，约等于对应题干空前的动词 make，之后紧跟的单数名词为 prediction，即本题答案。原文中答案出现之后的 concerning where...，concerning 意思为"关于，涉及"，对应题干中的 about where...。

㊴ 本题结合空前的 one 预测答案词性为单数名词。本题注意项目符号"·"对应表述的大致定位功能，在上一行内容出现后，原文提及 Then，提示内容进入下一项，题干中的 information 在原文中原词重现。原文中的 put together 意思是"组装，汇集"，后半句中的动词 involve 表示"包含"，对应题干中的 combined，意为"组合，结合"。原文中的 single 对应题干中的 one，之后紧跟单数名词 database，即本题答案。

㊵ 本题结合空前动词 create 预测答案词性为名词。动词 coordinate 表示"使协调，使相配合"，题干中的 coordinated 可以看作动词过去分词作形容词，修饰名词 system，coordinated system 指"协作系统"。在原文中 system 原词重现，coordinate 作为动词出现，establish 对应题干空前的 create，后面紧跟名词 trust，即本题答案。

Test 3 Reading

Section 1 ▶▶▶

Questions 1~7

篇章介绍

体　　裁	说明文
主要内容	介绍澳大利亚的几处海滩

必背词汇

ferry	*n.* 渡船	keep an eye on	照看，留意
on duty	值班	facility	*n.* 设备，设施
hazardous	*adj.* 危险的	snack	*n.* 零食，小吃
reserve	*v.* 预留	spot	*n.* 地点
option	*n.* 选择，选项	head	*v.* 朝……前进

认知词汇

paddling	*n.* (在桨板上) 划动	secluded	*adj.* 隐蔽的
snorkelling	*n.* 浮潜	cove	*n.* 小海湾
scuba diving	潜水	scenic	*adj.* 风景优美的
kiosk	*n.* 凉亭	enclose	*v.* 包围，围住
stand-up	*adj.* 直立的	kayaker	*n.* 划皮艇的人
paddleboard	*n.* 桨板	daytripper	*n.* 一日游的人

试题解析

答案速查： 1. F　2. B　3. F　4. D　5. E　6. B　7. A

题目类型 MATCHING

题目解析 注意特殊提示 You may use any letter more than once，即答案可以重复。注意原词陷阱。

1. You can buy food at this beach.

参考译文	你能够在这个海滩买到食物。
定位词	food
文中对应点	F 段第二句：你可以租一个沙滩椅，或是直接去 Boathouse 咖啡店，在那里你能买到特别棒的早餐或是午餐。 分析：题目中的 food 对应原文中的 breakfast or lunch。
答案	F

2. You can learn to do a sport at this beach.

参考译文	在这个沙滩上你能学习一项运动。
定位词	learn to do a sport
文中对应点	B 段第三句：如果你是第一次尝试冲浪，曼利冲浪学校在沙滩上运营着冲浪俱乐部。 分析：题目中的 learn to do a sport 对应原文中的 try surfing for the first time。
答案	B

3. This beach can be uncomfortably busy.

参考译文	这个海滩会异常地繁忙。
定位词	busy
文中对应点	F 段第三句：请注意 Shelly Beach 有时候可能会非常拥挤，所以尽量避免在天气晴朗的周末下午前往那里。 分析：题目中的 busy 对应原文中的 crowded。
答案	F

4. Adults can supervise their children without much difficulty at this beach.

参考译文	在这个海滩上，成年人可以很轻松地看管自己的孩子。
定位词	supervise their children
文中对应点	D 段第二句：因为在这个保护区域，家长能够很容易地看管好在水里面玩耍的孩子，所以这片海滩对于家庭出游的人士来说是非常好的选择。 分析：题目中的 supervise their children 对应原文中的 keep an eye on kids；题目中的 without much difficulty 对应原文中的 easy。
答案	D

5. This beach is nearest to public transport.

参考译文	这片海滩距离公共交通距离最近。
定位词	nearest, public transport

文中对应点	E 段第二句：这里是离渡船以及公交车最近的海滩。 分析：题目中的 nearest 对应原文中的 no beach closer...than this one；题目中的 public transport 对应原文中的 ferry or buses。
答案	E

6. People are employed to supervise swimmers at this beach.

参考译文	在这片海滩上有雇佣工作人员管理游泳的人。
定位词	supervise swimmers
文中对应点	B 段第二句：这里有专业的救生员巡逻，但是冲浪可能会有危险，因此如果你带着孩子一起游泳，请检查好周边状况。 分析：题目中的 people are employed to supervise swimmers 对应原文中的 professional lifeguards on duty。
答案	B

7. You can hire sports equipment at this beach.

参考译文	在这片海滩上你能租借一些运动器材。
定位词	sports equipment
文中对应点	A 段第二句：这里还有一个售卖特别纪念品的小型礼品商店，以及一个可以租借到站立式桨板的售货亭。 分析：题目中的 sports equipment 对应原文中的 stand-up paddleboards；题目中的 hire 对应原文中的 rents。
答案	A

参考译文

• 曼利海滩 •

从澳大利亚最大的城市悉尼的市中心乘坐渡船，30分钟便可到达曼利海滩，下次来玩的时候可以试试以下几处稍微小众的海滩

A Fairy Bower

Fairy Bower 位于一个海洋保护区内，这里的水质优越，非常适合划（船）、浮潜甚至是潜水。这里还有一个售卖特别纪念品的小型礼品商店，以及一个可以租借到站立式桨板的售货亭。附近没有公交站点，所以必须步行前往。

B North Steyne

相比主海滩而言，这里离渡船的距离稍远，但是仍然颇有人气，而且也没有其他海滩那么拥挤。这里有专业的救生员巡逻，但是冲浪可能会有危险，因此如果你带着孩子一起游泳，请检查好周边状况。如果你是第一次尝试冲浪，曼利冲浪学校在沙滩上运营着冲浪俱乐部。请注意冲浪板是预留给学员使用的，不对外租借。

C Delwood

沿着海港从渡船走到 Delwood 隐蔽的海湾，一路上都可以欣赏到迷人的风景。这里没有商店，所以你需要自备野餐食物，还可以从樵石上跃入大海，来一次静谧的畅游。你很大可能会独享整片海滩。

D Little Manly

这片人气很高的海港沙滩用网隔离出了专门的游泳区域。因为在这个保护区域，家长能够很容易地看管好在水里面玩耍的孩子，所以这片海滩对于家庭出游的人士来说是非常好的选择。这片海滩还有一处大型的游乐场，一个所有人都能使用的公共烤肉点以及盥洗设施，对于家庭出游的人士来说是理想之选。

E East Esplanade

紧邻曼利码头，这里全天都是游人如织。这里是离渡船以及公交车最近的海滩。划着皮划艇的人会在日出时分聚集于此尽情戏水，白天这片沙滩上还有很多一日游的游客。在结束了白天的工作之后，很多人会带上饮料、小吃以及音乐在这里的草地上观赏日落。

F Shelly Beach

如果你不喜欢波涛汹涌的大海，这里就是你最好的选择。你可以租一个沙滩椅，或是直接去 Boathouse 咖啡店，在那里你能买到特别棒的早餐或是午餐。请注意 Shelly Beach 有时候可能会非常拥挤，所以尽量避免在天气晴朗的周末下午前往那里。

Questions 8~14

篇章介绍

体　　裁	说明文
主要内容	介绍悉尼水务局对用户支付账单的规定

必背词汇

bill	*n.* 账单	pension	*n.* 补助金
property	*n.* 房产	qualify	*v.* 达到标准，获得资格
charge	*n.* 收费，费用	register	*v.* 注册，登记
quarterly	*adv.* 一季一次地	facility	*n.* 设备
meter	*n.* 水表，仪表	have access to	获得，得到
monthly	*adv.* 一月一次地	fixed	*adj.* 固定的
additional	*adj.* 额外的	cut off	切断，终止
arrange	*v.* 安排	accommodation	*n.* 住处
a range of	不同的	discount	*n.* 折扣，减免
option	*n.* 选择	fee	*n.* 费用

认知词汇

licensed	*adj.* 持有执照的	plumber	*n.* 水管工

试题解析

答案速查： 8. TRUE 9. NOT GIVEN 10. TRUE 11. FALSE 12. FALSE 13. TRUE 14. TRUE

题目类型 TRUE/FALSE/NOT GIVEN 判断题

题目解析 此类型题目注意区分 FALSE 和 NOT GIVEN 的区别，考生需要以原文内容为判断基准，切忌脑补。

8. All property owners receive Sydney Water bills.

参考译文	所有业主都会收到悉尼水务局的账单。
定位词	property owners
解题关键词	all
文中对应点	第一段第一句：悉尼水务局服务于大悉尼区超过五百万的用户，如果你在这里拥有一处房产，你就会收到我们的账单。 分析：文章中说在大悉尼区拥有房产的人就会收到水务局的账单，原文的 if you own a property 对应题目中的 all property owners，所以题目的说法与原文内容相符。
答案	TRUE

9. Customers who don't have a water meter must pay an extra charge.

参考译文	没有水表的客户必须支付额外的费用。
定位词	water meter
解题关键词	extra charge
文中对应点	第一段最后一句：如果你的房子里没有水表，我们将会在每个季度初为你寄送账单。 分析：文章中虽然提到了家中无水表的用户，但是并没有说明这样的情况是否需要支付额外的费用，因此无法判断题目中的说法是否正确。
答案	NOT GIVEN

10. Customers who choose to receive a bill every month pay extra.

参考译文	选择每个月接收账单的用户需要支付额外的费用。
定位词	every month
解题关键词	pay extra

文中对应点	第二段第一、二句：如果你希望每个月都收到账单，只需要要求我们每个月读取水表。此服务每个季度收费 32.52 澳元，这项额外的收费会在每个季度第一笔账单上显示。 分析：原文中说到选择以月为单位接收账单的用户需要支付每个季度 32.52 澳元的额外收费，题目中的 choose to receive a bill every month 对应原文中的 monthly bills，题目中的 pay extra 对应原文中的 additional fee，所以题目的表述符合原文内容。
答案	TRUE

11. Pensioners who live in rented accommodation might get a discount.

参考译文	租房子居住的补助金领取者可能会获得一定的折扣。
定位词	pensioners
解题关键词	rented accommodation, discount
文中对应点	第三段第三句：如果你领取补助金，我们可能会给你提供一定的减免，但你必须住在自己名下的房产中才能有资格享受这项减免。 分析：题目中的 discount 对应原文中的 a reduction on your bill，但是原文提到必须是住在自己名下的房产才能有资格享受费用的减免，因此可以推断题目中所说的租房居住的人是不能享受费用减免的，题目的说法与原文矛盾。
答案	FALSE

12. Customers registered for eBill receive both paper and electronic bills.

参考译文	注册了电子账单的客户会同时收到纸质账单和电子账单。
定位词	eBill
解题关键词	both paper and electronic bills
文中对应点	第四段第一点：注册电子账户。当你在悉尼水务局注册了网上账单后，你就可以查询过往任何时候的账单。一旦你完成了注册，你就不再会收到纸质账单，而是收到电子账单。 分析：原文提到完成注册后就只能收到电子账单，没有纸质账单，因此题目的说法与原文矛盾。
答案	FALSE

13. Customers who request information from the period before their last five bills must pay a fee.

参考译文	要求查询最近 5 次账单之前更早的信息的客户必须支付一笔费用。
定位词	last five bills
解题关键词	must pay a fee
文中对应点	第四段第四点：需要更多支付历史？如果你需要比最近 5 次账单更早的信息，你需要支付一笔 28.04 澳元的"账单记录查询报告"费用。 分析：题目中的 must pay a fee 对应原文中的 need to pay，因此题目的说法符合原文信息。
答案	TRUE

14. A fixed charge can be avoided when the water supply is disconnected by a licensed plumber.

参考译文	如果一位持有执照的管道工切断了供水，那么固定收费就会取消。
定位词	licensed plumber
解题关键词	a fixed charge can be avoided, disconnected
文中对应点	第五段第一句：如果一位持证管道工中断了你的供水服务或是废水处理服务，我们将会停止你账单上的固定收费。 分析：题目中的 a fixed charge can be avoided 对应原文的 stop a fixed charge，题目中的 the water supply is disconnected 对应原文中的 cuts off your water，所以题目的说法符合原文信息。
答案	TRUE

参考译文

• 悉尼水务局：客户支付账单的建议 •

关于你的账单

悉尼水务局服务于大悉尼区超过五百万的用户，如果你在这里拥有一处房产，你就会收到我们的账单。通常，这是你的用水以及废水处理服务的账单，但是可能也会产生其他费用。我们在读取水表之后会按季度寄送大部分的账单。如果你的房子里没有水表，我们将会在每个季度初为你寄送账单。

我们什么时候寄送账单？

如果你希望每个月都收到账单，只需要要求我们每个月读取水表。此服务每个季度收费 32.52 澳元，这项额外的收费会在每个季度第一笔账单上显示。如需安排此项服务，请拨打电话 132092。

如果你无法支付账单应该如何处理？

我们理解可能你会遇到支付账单的困难。如果遇到困难，我们可以提供一些帮助。如果你领取补助金，我们可能会给你提供一定的减免，但你必须住在自己名下的房产中才能有资格享受这项减免。

如何查询支付历史？

· 注册电子账户。当你在悉尼水务局注册了网上账单后，你就可以查询过往任何时候的账单。一旦你完成了注册，你就不再会收到纸质账单，而是收到电子账单。

· 仍然需要纸质账单？只需要在保存你所需的电子账单后取消注册即可。之后我们仍然会寄送纸质账单给你，但是一旦取消注册就无法再次获取在线账单。

· 联系我们。只需与我们取得联系，我们会出具一份明细，包含我们向你收取的费用以及我们收到的最近五笔水费。

· 需要更多支付历史？如果你需要比最近 5 次账单更早的信息，你需要支付一笔 28.04 澳元的"账单记录查询报告"费用。

如何终止账单上的收费？

如果一位持证管道工中断了你的供水服务或是废水处理服务，我们将会停止你账单上的固定收费。为你提供此项服务的管道工必须事先申请服务终止并且遵守悉尼水务局规定的标准程序。

Section 2 ▶▶▶

Questions 15~20

篇章介绍

体　裁	说明文
主要内容	公司停车位使用政策

必背词汇

facility	n. 设施	maternity leave	产假
allocate	v. 分配	lengthy	adj. 长时间的
fair	adj. 公平的	absence	n. 休假期间
equitable	adj. 平等的	complaint	n. 投诉，抱怨
mileage	n. 行驶里程	address	v. 提出（投诉）
issue	v. 发放，分配	alternative	adj. 其他的，另外的
correspond to	对应	reserve	v. 预留
prior to	在……之前	permanently	adv. 永久地
hand on	传递；转交	extended leave	延长休假

认知词汇

carbon footprint	碳排放量	sign off	停止（活动）
utilize	v. 使用	appointed	adj. 指定的；被委任的
designated	adj. 指定的	lay down	制定
expiry	n. 有效期终止		

试题解析

答案速查： 15. sharing　16. mileage　17. night　18. replacement　19. cover　20. complaints

题目类型 SENTENCE COMPLETION

题目解析 注意题目要求 ONE WORD ONLY，即每空只能填一个词。

题号	定位词	文中对应点	题目解析
15	alternative methods of transport	第一段 第二、三句	题目：停车位数量有限，因此我们鼓励大家采用其他交通工具以及 _____ 汽车。 原文：然而，我们能提供的停车位数量有限。因此我们积极地鼓励员工通过乘坐公共交通工具、走路或是骑行来减少碳排放量，或者组织起来使用共享汽车。 分析：根据空前后分析，可知本空应该填写一个名词，且和 and 前面的内容为并列关系。题目中的 the use of alternative methods of transport = 原文中的 using public transport, walking or cycling，题目中的 and = 原文中的 or，都表达并列关系。 因此，本题答案为 sharing。
16	first	第二段 第一句	题目：有最高 _____ 的员工将会优先获得停车位。 原文：停车政策旨在公平公正的基础上分配停车位，那些申报因公出行里程高于一定标准的员工将会优先获得停车位。 分析：此题没有非常明显的同义替换作为解题的线索，需要考生完全理解原文相关内容，题目需要的信息是什么样的员工会最先得到停车位，根据文章内容我们可知，在分配停车位时，公司的标准是员工因公出行的里程。 因此，本题答案为 mileage。
17	company vehicles	第二段 最后两句	题目：一些停车位会在 _____ 期间预留给公司的车辆，但是在其他时间员工也可以使用这些停车位。 原文：在某些情况下，公司的车辆必须在夜晚安全地停放，因此会有指定的专属车位。但是，这些车位在白天的时候也可以供员工使用。 分析：题目中的 some parking spaces are reserved for company vehicles = 原文中的 designated parking areas are required for company vehicles，而且通过理解题目我们可以推断答案需要的信息是一个关于时间段的描述。 因此，本题答案为 night。
18	leaves	第三段 第一句	题目：如果一位员工离职，通常他们的停车位会给予他们的 _____。 原文：如果任何人在停车位使用期限到期之前离职，那么他的停车位将会给予接替他职位的人，如果这个人需要的话。 分析：根据空前后分析，可知本空应该填写一个名词。题目中的 their parking space will normally be given to = 原文中的 this will be handed on to。 因此，本题答案为 replacement。

题号	定位词	文中对应点	题目解析
19	extended leave	第三段 第二句	题目：如果一位员工长期离岗，他们的停车位将会给予为他们提供 _____ 的其他员工。 原文：如果一位已经得到了停车许可的员工休产假或是长时间离岗，他们的停车许可将会分配给在他们离岗期间被委派顶替他们的员工。 分析：根据空前后分析，可知本空应该填写一个名词。题目中的 extended leave = 原文中的 maternity leave or is signed off work for a lengthy period；题目中的 their parking space will be given to the person = 原文中的 their parking permit will be reallocated to the staff member；题目中的 absent employee = 原文中的 this individual。 因此，本题答案为 cover。
20	HR Manager	第四段 第二句	题目：所有关于停车问题的 _____ 都应该发送给人力资源经理。 原文：如果你有任何关于 DG 公司停车问题的意见，请向人力资源经理提出投诉意见。 分析：题目中的 all = 原文中的 any；题目中的 about car parking = 原文中的 concerning any aspect of car parking；题目中的 sent to the HR Manager = 原文中的 address them to the HR Manager。 因此，本题答案为 complaints。

参考译文

••• 公司停车政策 •••

DG 公司认为很多员工在开展业务的过程中需要驾车出行，并且公司希望能够为尽可能多的员工提供停车设施。然而，我们能提供的停车位数量有限。因此我们积极地鼓励员工通过乘坐公共交通工具、走路或是骑行来减少碳排放量，或者组织起来使用共享汽车。

停车政策旨在公平公正的基础上分配停车位，那些申报因公出行里程高于一定标准的员工将会优先获得停车位。公司将会为被分配到停车位的员工发放一个停车许可，以及对应着停车位的一个数字。如果停车位还有剩余，员工可在先到先得的基础上使用这些停车位。在某些情况下，公司的车辆必须在夜晚安全地停放，因此会有指定的专属车位。但是，这些车位在白天的时候也可以供员工使用。

如果任何人在停车位使用期限到期之前离职，那么他的停车位将会给予接替他职位的人，如果这个人需要的话。如果一位已经得到了停车许可的员工休产假或是长时间离岗，他们的停车许可将会分配给在他们离岗期间被委派顶替他们的员工。

在 DG 公司停车场停车的员工风险自担，同时请务必遵守公司的停车政策。如果你有任何关于 DG 公司停车问题的意见，请向人力资源经理提出投诉意见。

Questions 21~27

篇章介绍

体　　裁	说明文
主要内容	如何消除办公室中的安全和健康隐患

必背词汇

hazard	n. 风险，危险	stretch	v. 延伸
fill with	充满	wire	n. 电线
machinery	n. 机器，机械	collide	v. 碰撞
present	adj. 存在的	install	v. 安装
slip	n. 滑倒	drawer	n. 抽屉
trip	n. 绊倒	exceed	v. 超过
pile	v. 堆放	adjustable	adj. 可调节的
walkway	n. 走道，过道	accommodate	v. 容纳
proper	adj. 合适的，正确的	range	n. 范围
in addition to	除……之外	fix	v. 安装

认知词汇

build-up	n. 积累	tip over	翻倒，打翻
clutter	n. 杂乱	knock over	打翻，撞倒
elevated	adj. 高于地面的	load capacity	承载能力
stepladder	n. 活梯	be prone to	易于……
level ground	水平地面	strain	n. 紧张，焦虑；压力
hallway	n. 走道，门厅	posture	n. 姿势，体态
marble	n. 大理石	repetitive	adj. 重复的
tile	n. 瓷砖	monitor stand	电脑的显示器支架
slippery	adj. 容易打滑的	hard copy	复印件
filing cabinet	文件柜，档案柜		

试题解析

答案速查： 21. wires　22. chairs　23. mirrors　24. carpets　25. drawers　26. adjustable　27. holders

题目类型 NOTES COMPLETION

题目解析 注意题目要求 ONE WORD ONLY，即每空只能填一个词。

题号	定位词	文中对应点	题目解析
21	boxes, files, tripping hazard	第二段第二、三、四句	题目：为了防止滑倒、绊倒、跌倒和碰撞，应该确保： ·一些物品，例如 _____，不会造成绊倒的危险。 原文：堆放在过道上的箱子、文件和其他物品可能会形成绊倒的危险。请确保所有物品都安全地存放在合适的位置，避免杂乱的物品越积越多。另外，在过道上随意延伸电线不但会有用电危险，还会造成绊倒的危险，因此请确保安全且正确地遮盖电线。 分析：根据题目信息可知，空格所在的这一行信息应该与上一行中的 boxes 和 files 形成并列关系，都是可能有绊倒危险的物品。根据原文信息可知，造成绊倒危险的物品除了随意堆放的箱子和文件之外，还有电线，原文中的 further, in addition to 可以表达并列关系。 因此，本题答案为 wires。
22	high objects	第三段	题目：·员工不会为了拿到高处的物品而使用 _____。 原文：站在有滚轮的办公椅上极其容易有摔落的危险。如果需要拿取放置在高处的物品，员工应该使用完全打开并且放置在水平地面上的步梯。 分析：题目中的 to reach high objects = 原文中的 to reach something at an elevated height。另外，此题容易错误地将答案填为 stepladder，请务必注意题目问的是在这样的情况下不应该使用的工具。 因此，本题答案为 chairs。
23	corners	第四段第一、二句	题目：·_____ 被安装在角落。 原文：在过道转弯的时候以及在视线盲区的角落附近，员工可能会发生碰撞。为了避免发生事故，可以在这些地方安装镜子，这样员工就能看到其他方向有人走过来。 分析：题目中的 fixed = 原文中的 installing。corners 在原文中原词重现，答案出现句中的 these places 指代 corners。 因此，本题答案为 mirrors。
24	floors, entrances	第四段第三、四、五句	题目：·可以用 _____ 来覆盖地板，尤其是在入口处。 原文：地板也同样可能造成危险。大理石或瓷砖可能会非常滑，尤其是潮湿的情况下。使用地毯有助于减少滑倒的发生，特别是在入口处，因为员工在进门的时候可能穿着湿的鞋子。 分析：题目中的 especially at entrances = 原文中的 especially helpful at main doors。 因此，本题答案为 carpets。
25	furniture, closed	第五段第二句	题目：为了防止因为物件而造成的伤痛，应该确保： ·办公室家具中的 _____ 处于关闭状态。 原文：如果文件柜的抽屉没有关上的话可能会翻倒，同时，文件柜和办公桌如果没有关好也可能绊倒员工。 分析：题目中的 office furniture = 原文中的 filing cabinet。 因此，本题答案为 drawers。

题号	定位词	文中对应点	题目解析
26	posture, repetitive movement, furniture	第六段第一、二句	题目：为了避免由于姿势不当和重复动作而受伤，应该确保： ·办公室的家具是 _____。 原文：因为办公室的员工一天当中大部分的时间都是坐在办公桌前，不良的姿势以及重复的动作很有可能会给他们带来压力和其他伤痛。为了能够尽可能地适应不同员工的需求，办公桌、椅子、电脑的显示器支架等这些办公设备应该是可以调节的。 分析：posture 和 repetitive movement 在原文中原词重现，题目中的 furniture = 原文中的 desks, seating, monitor stands。 因此，本题答案为 adjustable。
27	documents	第六段第三、四句	题目：为文件提供 _____。 原文：如果一位员工要将复印件输入电脑，他必须不断地重复低头看桌子上的文件再抬头看电脑屏幕，他的颈部会感觉到极大的压力。这个问题可以通过给员工提供文件架来解决，文件架将文件放置在与电脑屏幕相同的高度，由此可以减少肌肉失衡。 分析：题目中的 provided = 原文中的 providing，documents 在原文中原词重现。 因此，本题答案为 holders。

参考译文

••• 确保办公场所的安全性 •••

显而易见，在一些充满重型机械和设备的工作场所中存在危害安全和健康的因素。然而，在办公室里也存在着数量惊人的危险。

对于办公室中的员工来说，最常见的受伤情况包括滑倒、绊倒和跌倒。堆放在过道上的箱子、文件和其他物品可能会形成绊倒的危险。请确保所有物品都安全地存放在合适的位置，避免杂乱的物品越积越多。另外，在过道上随意延伸电线不但会有用电危险，还会造成绊倒的危险，因此请确保安全且正确地遮盖电线。

站在有滚轮的办公椅上极其容易有摔落的危险。如果需要拿取放置在高处的物品，员工应该使用完全打开并且放置在水平地面上的步梯。

在过道转弯的时候以及在视线盲区的角落附近，员工可能会发生碰撞。为了避免发生事故，可以在这些地方安装镜子，这样员工就能看到其他方向有人走过来。地板也同样可能造成危险。大理石或瓷砖可能会非常滑，尤其是潮湿的情况下。使用地毯有助于减少滑倒的发生，特别是在入口处，因为员工在进门的时候可能穿着湿的鞋子。

还有一种受伤的可能性是员工可能会撞到某个物品。如果文件柜的抽屉没有关上的话可能会翻倒，同时，文件柜和办公桌如果没有关好也可能绊倒员工。堆放得很高的材料以及设备如果被撞翻的话，很有可能会对员工造成重大伤害。较重的物品应该摆放在离地面较近的位置，在架子上存放东西的时候切记不要超过架子的承重能力。

因为办公室的员工一天当中大部分的时间都是坐在办公桌前，不良的姿势以及重复的动作很有可能会给他们带来压力和其他伤痛。为了能够尽可能地适应不同员工的需求，办公桌、椅子、电脑的显示器支架等这些办公设备应该是可以调节的。如果一位员工要将复印件输入电脑，他必须不断地重复低头看桌子上的文件再抬头看电脑屏幕，他的颈部会感觉到极大的压力。这个问题可以通过给员工提供文件架来解决，文件架将文件放置在与电脑屏幕相同的高度，由此可以减少肌肉失衡。另外，如果鼠标摆放的位置不正确，也会造成脖子的损伤——鼠标应该摆放在键盘的旁边且高度一致。

Section 3 ▶▶▶

Questions 28~40

篇章介绍

体　　裁	说明文
主要内容	介绍古罗马人修建的道路

必背词汇

route	n. 道路	demonstrate	v. 展示
fearless	adj. 勇敢的，无所畏惧的	authority	n. 权力，权威
geography	n. 地理	prestige	n. 威望，威信
manpower	n. 劳动力	associated with	与……有关
consequently	adv. 结果	objective	n. 目标
tunnel	n. 隧道	overcome	v. 克服
architectural	adj. 建筑的	extensive	adj. 广泛的
feature	n. 特征	carry out	实施，进行
breathtaking	adj. 令人惊叹的	proposed	adj. 被提议的
monument	n. 遗址；名胜古迹	various	adj. 各种各样的
dare to do	敢于做某事	foundation	n. 基础，地基
construct	v. 建造	substantial	adj. 大量的
highway	n. 高速公路	deposit	n. 沉积层
bypass	v. 绕过，避开	pedestrian	n. 行人
obstacle	n. 障碍	vary	v. 变化
extend	v. 延伸	pull over	停车
troop	n. 军队	milestone	n. 里程碑

set up	建立	remains	*n.* 残骸
interval	*n.* 间隔	consequence	*n.* 结果
resistant	*adj.* 有抵抗力的	permanence	*n.* 永久（性），持久（性）
massive	*adj.* 巨大的	magnificence	*n.* 壮观，宏伟
durable	*adj.* 耐用的，持久的	practicality	*n.* 实用性
span	*n.* 跨度；宽度	finance	*v.* 资助
undergo	*v.* 经历	lengthen	*v.* 加长，延长
restoration	*n.* 修复	display	*v.* 展示
reference	*n.* 提及	access	*n.* 入口，通道

认知词汇

emperor	*n.* 皇帝，帝王	be referred to as	被称为……
general	*n.* 将军	nucleus	*n.* 中心，核心
viaduct	*n.* 高架桥	block	*n.* 石块
Bronze Age	青铜器时代	slab	*n.* 石板
deployment	*n.* 利用，部署	ridge	*n.* 隆起，突起
triumphal arch	凯旋门	grip	*n.* 抓地力
imperial	*adj.* 皇帝的，帝国的	rut	*n.* 车辙
magistrate	*n.* 地方法官	purposely	*adv.* 故意地
manner	*n.* 种类	inclined	*adj.* 倾斜的；有坡度的
marsh	*n.* 沼泽，湿地	slightly	*adv.* 一点点，稍微地
drain	*v.* 排出，滤干	kerb	*n.* 道牙
creek	*n.* 小溪	run off	流掉
divert	*v.* 使转向	parallel	*adj.* 平行的
bedrock	*n.* 基岩	ditch	*n.* 沟渠
channel	*v.* 形成凹槽	drainage	*n.* 排水系统
traverse	*v.* 穿过	canal	*n.* 水道，运河
level	*v.* 使平整	upright	*adj.* 垂直的，直立的
reinforce	*v.* 加强	upkeep	*n.* 保养，维护
terracing	*n.* 坡面，梯田	arched	*adj.* 拱形的
trench	*n.* 沟渠	pier	*n.* 长堤，突堤
dig	*v.* 挖（过去分词 dug）	prow	*n.* 船首
crushed	*adj.* 压碎的	clamp	*n.* 夹钳，夹具
brick	*n.* 砖块	semicircular	*adj.* 半圆形的
gravel	*n.* 碎石，砂砾	rank	*v.* 属于某等级

试题解析

答案速查： 28. C   29. F   30. D   31. B   32. F   33. C   34. B   35. D   36. A   37. C
38. (fine) gravel   39. animals   40. (crushed) brick

Questions 28~33

题目类型 MATCHING

题目解析 注意特殊提示 You may use any letter more than once，即答案可以重复。注意原词陷阱。

28. the various functions of Roman roads

参考译文	罗马道路的各种功能
定位词	various functions
文中对应点	Section C 第二、三句：罗马的道路可以让军队快速地进行部署，更重要的是，能够让带轮车辆为军队提供粮食和装备，除此之外，还带来了更多的贸易活动以及文化交流。而且，这些道路也是罗马展示自己权力的方式。 分析：题目中的 various functions 对应原文中提到的这些具体功能，包括部署军队、让带轮车辆通行、带动贸易和文化活动以及罗马权力的象征。
答案	C

29. reference to some current remains of Roman road building

参考译文	提到一些罗马道路建设的现存遗址
定位词	current remains
文中对应点	Section F 第一句：很多直到今天仍然屹立不倒的拱桥和高架桥正是罗马工程师伟大想象力的长久象征，也正是有了它们的存在，工程师们才达成了修建直线道路的目标。 分析：题目中的 current remains 对应原文中的 many arched bridges and viaducts still standing today。
答案	F

30. a description of preparations for building a road

参考译文	描述修建道路前的准备工作
定位词	preparations
文中对应点	Section D 第二句：在完成了大规模的调查研究之后，为了保证计划好的路线能实际地修建得笔直以及为了决定使用什么样的工程方法，必须将沼泽排干，在森林中辟出空地，让小溪转向，在基岩中挖出凹槽，在山腰上钻出通道，在河流上架起桥梁，在村庄间修建高架，在大山中修建隧道。 分析：原文中讲到了在正式开始修路之前要做大量研究工作，以及为了将道路修得笔直要改造沿途各种自然条件，这些都是为了修建道路做的准备工作，对应题目中的 preparations。
答案	D

31. the period in history when road building began

参考译文	开始建设道路的历史时期
定位词	period in history, began

文中对应点	Section B 第二、三句：罗马人建造的第一条也是最著名的一条道路是 Via Appia，或者可以称之为 Appian 路。这条路于公元前 312 年开始建设，全长 196 公里，尽可能笔直地连接了罗马和意大利的古城加普亚，罗马人恰如其分地称之为 Regina Viarum 或 "道路女王"。 分析：题目中的 period in history 对应原文中的 312 BCE，题目中的 road building began 对应原文中的 constructed。
答案	B

32. the consequence of damage caused by a natural disaster

参考译文	一场自然灾难造成的伤害
定位词	natural disaster
文中对应点	Section F 第一段最后一句：这座桥最近遭受了几次地震，为了维修由此造成的破坏，它正在经历一系列的修复工作。 分析：题目中的 a natural disaster 对应原文中的 earthquakes；题目中的 the consequence 对应原文中的 the effects。
答案	F

33. the total distance once crossed by Roman roads

参考译文	过去的罗马道路总长度
定位词	total distance
文中对应点	Section C 第一句：曾经的罗马公共路网长度超过 12 万公里。 分析：题目中的 the total distance 对应原文中的 over 120,000 kilometres。原文中的 covered 意为 "覆盖"，相当于题干中的 total distance。
答案	C

Questions 34~37

题目类型 MULTIPLE CHOICE

题目解析

题号	定位词	文中对应点	题目解析
34	Section A	Section A	题目：在文章 Section A 的内容中，作者提到了罗马道路建设的哪个方面？ 选项 A：道路的强度和持久性。原文未提及。 选项 B：道路的壮观及实用性。原文 Section A 最后一句中的 breathtaking 对应选项中的 magnificence，随后出现的 highly useful 可以对应该选项中的 practicality。B 选项表述符合原文。 选项 C：参与建设的人数。原文 Section A 第二句虽然有提到 manpower，可以与选项中的 people 对应，但是文章并没有给出数字，所以选项当中的 number 是没有依据的信息。 选项 D：资助道路建设的有权势的人。原文 Section A 未提及相关内容。 因此，本题答案选 B。

题号	定位词	文中对应点	题目解析
35	Appian Way	Section B	题目：作者将 Appian 路与一条现代的高速路作对比，是因为 _____ 选项 A：随着时间的推移它的长度增加了。原文 Section B 最后一句话提到了 Appian 路长度增加，但是并没有在这方面将其与现代高速路进行对比。 选项 B：这条路的建设花了很长时间。原文只提到了这条路开始建造的时间是公元前 312 年，但是并没有提到花了多长时间完成建造。 选项 C：很多旅行者都会使用这条道路。原文未提及。 选项 D：这条路的设计避开了一些地区。原文 Section B 倒数第二句提到了这条路与现代高速路很相似的一点是沿途绕过了一些小村庄，选项中的 avoid certain areas 对应原文中的 bypassed small towns。该选项表述符合原文。 因此，本题答案选 D。
36	triumphal arches	Section C 第三句至结尾	题目：作者认为凯旋门的作用是 _____ 选项 A：展示罗马的权力。原文 Section C 第三句提到道路的一项作用是展示罗马的权力，也正是因为这样的原因，很多道路的起点和终点都有修建凯旋门，选项中的 display the power 对应原文中的 demonstrate its authority。该选项表述符合原文。 选项 B：庆祝一条道路的开放使用。原文未提及。 选项 C：展示重要道路的名字。原文未提及。 选项 D：为重要的官员提供入口。原文 Section C 最后一句有提到一位重要的地方官员，但是并没有提及为官员提供入口。 因此，本题答案选 A。
37	milestone	Section E 第二段 最后一句	题目：Section E 提到了以下哪一个里程碑的常见用途？ 选项 A：提示旅行者道路的总长度。原文未提及。 选项 B：指明需要维修的道路地区。原文 Section E 最后一句虽然提到了 repair，与选项有所对应，但文章说的是里程碑上记录着已经做过的道路维护修理以及该道路维护修理人的信息，而该选项说的是道路的哪些部分需要修理，考生要注意区分二者的差异。 选项 C：记录关于道路维护的细节。原文提到里程碑上记录着负责维护道路的人以及具体做了什么维护，这些都是道路维护的细节信息。该选项表述正确。 选项 D：为旅行者及他们的动物标注沿途的休息区。原文未提及。 因此，本题答案选 C。

Questions 38~40

题目类型 DIAGRAM

题目解析 注意题目要求 NO MORE THAN TWO WORDS，即每空最多能填两个词。

题号	定位词	文中对应点	题目解析
38	nucleus	Section E 第一段 第二、三句	题目：核心是由 _____ 制成的。 原文：首先，（罗马人）在土地上挖出一个沟渠，然后铺上一层大石块作为路基。接着在上面覆盖大量的略小的碎料——通常是压碎的砖块，然后在此基础上再添加一层细砾石。 分析：原文讲到 This upper section of the road was referred to as the nucleus，所以如果想知道这里所说的 nucleus 是什么材料制成的，就要了解 this upper section 的原材料，注意这里的代词 This，那么就需要回到上一句话才能获得完整的信息，上一句讲到了 on top of this, a layer of fine gravel was added，说明加在上层的东西是 fine gravel。 因此，本题答案为（fine）gravel。
39	slabs	Section E 第一段 最后一句	题目：石板——可能会加上一些突起部分帮助 _____ 使用道路。 原文：修山路的话通常还会在石板上加一些突起的部分，能够让动物走在路面上有更好的抓地力，还会有模拟车辙的凹痕以便让带轮的车辆更顺利地通过。 分析：题目中的 help = 原文中的 give...better grip，题目中的 ridged 在原文以名词形式 ridges 出现。 因此，本题答案为 animals。
40	large stones	Section E 第一段 第二、三句	题目：铺上一些材料，例如 _____。 原文：首先，（罗马人）在土地上挖出一个沟渠，然后铺上一层大石块作为路基。接着在上面覆盖大量的略小的碎料——通常是压碎的砖块，然后在此基础上再添加一层细砾石。 分析：注意 40 题与前面的 38、39 题并不是正序出现，在填空题当中是非常少见的情况。通过观察图中信息可知，此题所填的信息应该是铺在 large stones 上面一层的物质，原文讲到最下面的路基是 large stones，然后上面一层是较小的碎料，通常会用 crushed brick。注意不要误填 broken materials，因为空格前面有 such as，所以应该填一种更为具体的材料，即出现在原文 broken materials 后面的 crushed brick。 因此，本题答案为（crushed）brick。

参考译文

·古罗马道路·

Ⓐ 罗马人曾经建造了很多笔直的长路，其中有很多道路甚至在历史上变得像罗马帝国最伟大的君王和将领一样出名。古罗马的工程师们为了将两点之间用最笔直的道路连接起来，提出了很多大胆的计划，在更古老的路线上进行修建，同时还创造了无数的新路，不管在地质条件上遇到了多么大的困难以及在劳动力上要付出多么大的成本。最终，他们创造了道路所需要的桥梁、隧道、高架以及很多其他建筑和工程条件，这些令人惊叹但同时又是非常实用的历史遗迹遍布欧洲，一直延伸到罗马帝国东部。

Ⓑ 其实道路并不是罗马人最先发明出来的，但是，就像在很多其他领域一样，罗马人会追溯到青铜器时期去探究某个概念并设法将其进行延伸，敢于从中挖掘出最大的发展潜能。罗马人建造的第一条也是最著名的一条道路是 Via Appia，或者可以称之为 Appian 路。这条路于公元前 312 年开始建设，全长 196 公里，尽可能笔直地连接了罗马和意大利的古城加普亚，罗马人恰如其分地称之为 Regina Viarum 或"道路女王"。这条路和今天的很多高速路一样，沿途绕过了一些小村庄，很大程度上略过了一些地理上的阻碍。后来，这条路被延长到 569 公里。

Ⓒ 曾经的罗马公共路网长度超过 12 万公里。罗马的道路可以让军队快速地进行部署，更重要的是，能够让带轮车辆为军队提供粮食和装备，除此之外，还带来了更多的贸易活动以及文化交流。而且，这些道路也是罗马展示自己权力的方式。正是因为这样的原因，很多道路的起点和终点处都建有凯旋门，而且很多道路都是以资助建设的官员名字来进行命名的，以此来体现与这个道路工程有关的帝国的威望；比如，Via Appia 这个名字就是来自当时一位罗马地方官员 Appius Claudius Caecus。

Ⓓ 为了能够达到在两点之间建设最短路线的目标，必须克服各种工程上的难题。在完成了大规模的调查研究之后，为了保证计划好的路线能实际地修建得笔直以及为了决定使用什么样的工程方法，必须将沼泽排干，在森林中辟出空地，让小溪转向，在基岩中挖出凹槽，在山腰上钻出通道，在河流上架起桥梁，在村庄间修建高架，在大山中修建隧道。在完成了这些工作之后，道路必须被铺设平整，再用支撑墙或是坡面来进行加固，当然还有后续的维护，这样道路就在之后 800 多年的时间里仍然能保持良好的状态。

Ⓔ 主干道的宽度一般是标准的 4.2 米，足够两辆汽车同时相向通行。首先，（罗马人）在土地上挖出一个沟渠，然后铺上一层大石块作为路基。接着在上面覆盖大量的略小的碎料——通常是压碎的砖块，然后在此基础上再添加一层细砾石。道路上面的这一层通常被称为核心，之后还会再覆盖一些大石块或是石板。修山路的话通常还会在石板上加一些突起的部分，能够让动物走在路面上有更好的抓地力，还会有模拟车辙的凹痕以便让带轮的车辆更顺利地通过。

为了让雨水能够排出路面，道路会从中间到两边的路牙呈现轻微的倾斜。很多道路两边还建有平行的沟渠可以将流下来的雨水收集起来形成排水渠。通常道路两旁还有填充了碎石的人行道，宽度从一米到三米不等。人行道和主路之间由路缘石隔开，通常使用的是直立的石板。车流量较大的主路段还备有可供停车的区域，一些停车的区域还会提供服务给行人和他们的动物。道路上每隔一段固定的距离还会有里程碑，上面记录着谁负责这一段道路的维护以及进行了什么样的维护。

F 很多直到今天仍然屹立不倒的拱桥和高架桥正是罗马工程师伟大想象力的长久象征，也正是有了它们的存在，工程师们才达成了修建直线道路的目标。罗马人希望建造的道路能够长久使用，比如，在河流上建造的桥墩通常被造成有较强抵抗力的船头状，使用的原材料是大块的耐用的石头，同时上层的石块可能还会用铁钳进行加固。可能其中最令人惊叹的一座桥位于纳尔尼，长 180 米，宽 8 米，高 33 米，由 4 个巨大的半圆拱形构成，其中一个拱形宽度达到 32.1 米，是古代跨度最大的石拱结构之一。这座桥最近遭受了几次地震，为了维修由此造成的破坏，它正在经历一系列的修复工作。

古罗马人的工程和测算技术如此了不起，以至于他们当年建造的很多道路为今天数百条穿过欧洲和中东的道路提供了基础。如今很多意大利道路的某些路段仍然沿用着最初古罗马人的命名，还有一些桥梁，比如威尼斯的 Tre Ponti，今天仍然在承载着车来人往。

Writing Task 1 ▶▶▶

题目要求

见《剑桥雅思官方真题集 18 培训类》P77

审　题

你最近为了出行提前一周购买了几张火车票。当你去车站乘车时，却被告知你不能使用这些车票，而且工作人员非常不乐意提供帮助。

写一封信给火车公司。在信中

- 描述你遇到的车票问题
- 提出你对工作人员不满的原因
- 建议火车公司应该采取什么行动

写作思路

确定语气

此篇培训类 Task 1 作文要求考生给火车站工作管理人员写一封抱怨 / 建议信。目的之一是描述自己经历的令人不满的服务，另一个目的是给火车站提出改进建议。鉴于收信者是车站的工作人员，这封信的语言风格应该偏正式，语气也可以严肃一些。此类事件发生时，我们通常有着比较强烈的不满情绪，所以，抱怨信也可以适当展现出这种情绪，这样才能使收信者重视该问题。

题目整体分析

要点一要求考生描述遇到的车票问题。雅思信件写作中，考生需要结合个人生活经验对要点进行适当拓展，通过想象添加细节内容。在描述某段经历时，考生可以按照时间发生的顺序，从起因，经过，结果描述该段经历。要点一强调了车票问题，所以，无论细节如何添加，重点展开内容必须落到车票问题上。如果考生有类似经验，可以直接改编使用。写作时，需要注意题目中的车票是用的复数 some tickets，所以情节描述也要满足这个要求。一些比较常见的火车票问题包括但不限于车票的使用时间，服务内容和使用者权限等。同时，由于如今人们越来越习惯在网络上进行购票，所以车票问题也可以是购票网站条款不明导致的。

要点二需要考生解释对工作人员不满的原因。信件写作中经常出现要求分析原因的情况，如果想要做到内容丰富，考生可以采用分类法，提出多样化或多维度的原因。针对抱怨信，切忌轻描淡写，事情的严重性可以支持写信者的情绪。考生可以从车票问题过渡到对车站人员不作为的不满。在这篇或者其他同类型抱怨信写作中，考生可以借鉴日常生活中常遇到的令人不满的服务：工作人员态度恶劣、用语不礼貌、给出错误信息和不愿意提供服务等，进行展开描述。

最后一个要点需要考生对火车公司提出建议。同样，考生可以采用多建议并列的方式提出具体可行的改进方案，也可以针对票的问题和员工服务问题分别提出建议。最后，还可以加入对公司管理和培训的建议。一些参考建议如下：在购买车票后，火车公司应该通过电子邮件或短信发送提醒信息，以确保乘客再次阅读和确定车票使用时间和权限；重要信息可以高亮提示，或者设计为乘客订票时的必选项；培训员工，以提高他们的服务质量和态度。工作人员应该学习如何与顾客进行有效的沟通，并提供解决问题的建议。在处理问题时，应该采取更加周到和负责任的态度。对于客户，工作人员应该尽力为他们提供满意的解决方案，并确保他们感到受到尊重和关心。同时可以设置考核和监督机制，比如，让乘客对员工的服务进行打分的机制。

考生们需要注意，题卡中的提示点仅仅是初步的写作大纲，具体内容还需要考生进行适当的联想延展，才能充实文章内容，达到规定的字数要求。同时，书信讲究写作目的、语气、语言形式和格式。在选择语气和语言的时候，考生可以把收信对象分为：陌生人、认识的人和熟人，选择不同的语气，按照场景用不同的语言达到书信的目的。

考官作文

见《剑桥雅思官方真题集 18 培训类》P135

参考译文

亲爱的先生 / 女士：

我写信是为了投诉你们网站上的信息和我在中央火车站所接受的服务。昨天，我伯伯和我到达了中央车站，打算使用我们在网上购买的下午 5 点 50 分开往纽卡斯尔的火车票。不幸的是，我们被告知我们的车票仅限于非高峰期使用，因此我们不能使用它们。

当我购买这些车票时，网站上并没有明确指出它们只适用于某些时段。这需要在你们的网站上说明，因为我不可能是唯一一个犯了这个错误的人。然而，真正让我不满的是工作人员的不作为。当我们询问该怎么办时，车站服务人员没有帮助我们支付差价去赶上我们的火车，而是简单地向我们挥手示意指向了排着长队的购票机器。我们错过了火车，并且等了一个小时才乘上下一班火车。请在未来培训你员工的积极主动性。

我希望你们能够认真考虑我的反馈并加以采纳。

此致

敬礼

分　析

★另一个考官对此考官作文的点评

此篇考官习作没有打分，以下是考官评语的翻译。

这是一篇非常强有力的回应：所有三个要点都得到了详细的解答，语气也适用于一封投诉信。信中的信息展开清晰，并且风格非常自然。

使用的词汇范围很广，包括许多高级词汇（unhelpful manner of / pay the difference / direction of / proactive）。只有一个小错误（off-peak 应该为 off-peak travel）。

总体而言，这篇回应包含了各种复杂的语法结构（intending to use），有许多包含多个从句的长句，使用了过去完成时和情态动词形式（had purchased / couldn't use）。

这已经是一个非常高水平的回答。如要改进，最后一个要点可以再展开说明，比如提供员工如何"更有积极性"的例子。

★解读考官点评

任务回应

此篇信件回应非常有力，涵盖了所有要点，达到任务完成这一评分项的第一个要求。其次，对每个点都进行了很好的延展。语气的选择和细节的补充，都很到位，所以考官给出了"非常有力"的评价。在现实生活中，这样的信件也能有效传递信息和达到抱怨 / 建议信的目的。在完成雅思培训类的写作 Task 1 时，我们首先要细读题卡，确定写给谁，写什么，目的是什么。写给谁决定了写作的语气和使用语言的风格，内容需要紧贴提示，写作过程中需要突出写作目的，不要偏题。考生对话题词和其限定的理解也要准确，比如这个话题中的 train station 和 train tickets，暗示了写作者的身份为火车乘客。因此，作为考生，就要准确地带入这个角色进行写作。此篇文章中，考官开门见山，表明了 writing to complain 的写作目的，还添加了自己伯伯这个角色。其次，考官也结合场景给出了具体的乘车时间和目的地的名称，让信件内容更饱满和更有可信度。第二个主要段落回应了第二个和第三个提示，说到了购票网站信息不明，也直接提到火车站服务人员的问题，言简意赅。只不过，针对书信的第三个要求，考官只提到了员工应该更加积极，并没有具体展开说明。这是该书信唯一在内容上的问题。因此，作为考生，在时间允许的情况下，对于题目中明确的写作要点，要尽可能细化说明。

连贯与衔接

考官的评价中提到此篇信件的推进清晰且自然。写作第二项评分标准明确要求信息和观点要流畅，并且呈现要有逻辑性。确保文章的可读性，才能让读者更好地理解文章内容。不仅如此，考生要尽可能使用各种衔接手段。考官在文章中使用了 however 这样有转折逻辑的副词，同时也用到了 unfortunately 这样自然的副词过渡。文章没有出现过渡使用或者机械化使用衔接语言的情况，可读性高并且流畅。同时，从这篇高分考官作文中我们可以看到，信件的组织分段形式可以是多样的。当回应提示的内容比较多时，可以一个提示内容写一段，如果回应提示的内容不够丰富，也可以把相关的提示回应内容放在同一段。

词汇丰富程度

此篇信件词汇使用水平极高，整体语言灵活多样，词汇使用范围广。写作 Task 1 的词汇多样性可分为：词汇满足需求（adequate）、有一定量的词汇（a range）和充足的词汇量（a wide range）这三个层次。在用词准确合适的情况下，range 越广取得更高的词汇分数的可能性就越大。考生展现词汇量的方式有很多，可以像考官在这篇文章中一样选择不常见的词汇，或者使用搭配，比如，unhelpful manner of，pay the difference，direction of，proactive，take it on board 等。亮点词和搭配的准确使用能够快速赢得考官的积极印象，让文章脱颖而出。但是考生们需要知道，不同场景下的话题词汇积累是一个相对漫长的过程，也就需要考生们能够在考试之前熟悉雅思书信写作的常见类型和场景，这样才能有的放矢地积累词汇和表达。如果词汇有限，考生则需要避免用词重复，且写完之后一定要检查单词使用的准确性。

语法多样性及准确性

此篇作答中，考官准确地使用了各种复杂且高级的句子结构，能够充分反映作者的语言水平。总体而言，要在这一项评分标准中取得高分，考生需要注意两点：多样性和准确性。如果考生的语言基础相对薄弱，就需要在句子的难度和准确性上取得一个平衡。建议考生在准确的基础上，尽可能变化句子结构，而不是只追求非常复杂的句子结构，导致错误频出。完全没有任何错误很难，但是尽可能不要在同一段连续出现低级错误。最重要的是，要保证考官能读懂句子的意思，所以句子成分的完整性尤为重要。从这篇文章和另一个考官的评论中可以看出，分词结构的使用，比较复杂的过去完成时态的使用，以及情态动词的使用，都会被视为高级的语法结构。除此之外，这篇文章中还有一些地道的书信功能语言，比如，最后一句中写到 I hope you find this feedback useful 不仅语气得当，这个功能句也是书信中常见的句型。针对不同书信的功能句，考生们需要在考试前做一定的积累和练习。

★ 文中一些值得学习的语法点：

1）I am writing to complain about... 现在进行时，表示抱怨信的写作目的
2）This needs to be clarified... 被动句，给出需要被澄清的信息
3）What really upsets me is / was... 主语从句，强调让人失望和沮丧的事物
4）I hope you find this feedback useful and take it on board. 礼貌表示希望收信者采纳提议

Writing Task 2 ▶▶▶

题目要求

见《剑桥雅思官方真题集 18 培训类》P78

审 题

在过去，大多数职场人只有一份工作。然而，如今，越来越多的人同时有多份工作。

这种发展的原因有哪些?

拥有多份工作的利弊是什么?

写作思路

这是一篇和工作相关的报告作文。此类话题作文，通常会要求考生针对一个现象，回答两个问题。考生需要结合自己的观察、理解和已有的知识去分析现象并按照提问进行作答。报告类题目最

常见的问题之一就是分析现象产生的原因。第二个常见问题为提出解决方式，分析影响或讨论利弊。此篇 Task 2 的写作考题，要求考生分析现代人的某种工作形式变化的原因，即为什么和以前相比，现在的人会同时干多份工作，并要求考生讨论这个现象的利弊。

如果是有工作经验的考生，可以结合自己的体验写出 2~3 个原因并对其进行展开讨论。对于没有相关经验的考生，则可以从自己对就业环境的了解进行分析，或者使用原因分析的方法。比如，把现象产生的原因分为外在原因和内在原因。可能是外在环境的变化，比如生活成本增加，导致人们需要同时做多份工作。也有可能是人们对于工作的认知变化，比如渴望有不同领域的工作体验等，从外在和内在两个角度罗列原因。

结合实际情况，导致这个现象的最主要原因是经济压力：许多人发现，单份工作的薪水无法满足他们的经济需求，因此需要额外的收入来维持生计。其次是人们对于灵活性的渴望：许多公司和雇主提供更灵活的工作安排，这使得人们可以同时从事多份工作，以适应他们的生活方式和个人需求。还有现代人技能的多样性：有些人可能拥有多种技能，他们可能发现同时从事多份工作可以利用他们的多种技能，提高收入和增长经验。

第二个问题要求考生分析这个现象的利弊。注意这里需要考生分别阐述这个现象的利和弊。所以，无论考生觉得利多还是弊多，都应该平等分析，写出相应的内容，不能错误地把题目理解成任选一个方面进行写作。当然，如果要分析这个变化带来的利弊，考生也可以从不同的角度进行拓展讨论，从时间维度以及不同的人群维度分析，比如，什么时候有利以及对谁有利；什么时候有弊，对谁不利。

下面则是一些常见的利弊观点，供考生参考。第一、增加收入：有多份工作可以增加收入，尤其对于低收入者来说更有益。第二、技能提升：不同的工作可能需要不同的技能，因此从事多份工作可以提高技能水平，增加工作经验。第三、灵活性：同时从事多份工作也许可以允许人们更好地平衡工作和生活之间的关系。然而，第一个不好的方面则是时间压力：同时从事多份工作可能会增加疲劳感，影响生活质量和健康。第二、工作不稳定：有多份工作可能会增加失业风险，很多人没有办法兼顾不同的工作。第三、工作质量下降：如果同时从事多份工作，可能会因为时间和精力有限而影响工作质量和效率。

在行文的过程中，考生可以在文章的开头段对这个社会趋势进行转述，并表明这篇文章的写作目的，起到点题的作用。针对这种一题两问的话题作文，建议考生采取 block by block 四段式写作，即一段回答一个问题。比如，在主体段第一段写出原因，并进行一定的展开描述并给出细节支撑。主体段第二段用转折对比结构进行利弊的分析。除此之外，还有一种处理方式是：在利弊分析内容很多，且时间充裕的情况下，第二个问题可以拆开分成两段，一段列举好处，一段列举弊端。

虽然这种类型的文章不像议论文，不需要论证自己的立场，但是如果想在任务回应这一方面取得高分，考生仍要对每一个观点进行展开说明，如果有相关例子，也建议在行文中列出。

考官作文

见《剑桥雅思官方真题集 18 培训类》P136

参考译文

现在人们同时拥有多份工作这一现象越来越普遍。过去靠一份收入满足所有财务需求的时代已经一去不复返了。我想要谈谈这个变化背后的原因并且列出它的利弊。

人们从事额外一份工作，是因为维持生计变得越来越难。近年来，生活成本呈指数级增长，导致月末难以实现收支平衡。此外，广告公司不断推销更多财富等于更多幸福的观念，许多人对此概念还深信不疑。他们可能从事自由职业或在周末工作，希望以此改善他们的生活状况。

拥有多份工作的人可能会体验到几个好处。多样化的技能和更多经验可以让你在竞争激烈的就业市场上更有优势。同时避免将所有的鸡蛋放在一个篮子里也是一个明智的选择，这样即使一份收入来源没有了，你也有其他的收入可以依靠。

这种情况也有很多缺点。为多家公司工作可能会让人感到过度劳累和筋疲力尽。同时也会让你与家人、朋友相处的时间变得有限，也没有时间做自己喜欢的事情。而且，当你精力过于分散时，可能会导致工作质量不佳。

总之，我认为保持平衡是很重要的。如果你能把工作放在适当的位置，有额外的收入来源是好的，但是你不值得为了获得稍微多一点的银行存款而牺牲自己的健康和人际关系。

分 析

★另一个考官对此考官作文的点评

此篇考官习作没有打分，以下是考官评语的翻译。

这是一个强有力的回答。这位考生回答了两个问题，并提供了一系列延伸的观点。

文章对从事多份工作给出的原因包括为了支付生活成本（cost of living）要赚更多的钱，并且这个观点通过广告兜售给了大众，即我们应该尽可能赚多的钱，因为更多的财富意味着更多的快乐（more wealth means more happiness）。

充分讨论了拥有多份工作的利弊。好处包括提升你的技能和经验，增加就业机会，避免把所有鸡蛋放在同一个篮子里面（put all your eggs in one basket），以防丢掉其中一份工作。缺点包括了感到过度工作（overworked）或者倦怠（burnt out），只有非常有限的时间（limited time）花在家人、朋友和爱好上，并且工作质量低（poor-quality work）。

这个回答逻辑清晰，衔接紧密。使用了一些很好的连接词（Gone are the days when / Additionally / What's more）以及准确的指代和替换。

使用词汇准确，且词汇范围广泛（satisfy...financial needs / take on / risen exponentially / break even / improving their lot），还有一些复杂的词汇（putting all your eggs in one basket / burnt out / spread too thin）。同样，使用的语法结构范围也很广泛灵活。

这是一个高水平回答的例子。

★ 解读考官点评

任务回应

考官对此篇作文给出了很高的评价，指出这是一篇 strong response。总体而言，文章回答了题目中的两个问题，回应了任务涉及的所有部分，并延伸讨论了自己的想法。文章第一段开门见山，说到了下文将作出的回应——出现这个现象的原因以及其利弊。分析原因时，不仅给出了生活成本上涨这个观点，并且还提到了广告对人们的工作观和幸福观的影响。回答第二个问题时，考官提出的好处直接清晰，即可以抵抗失业的风险。之后从三个方面给出了坏处：疲惫，陪家人时间减少且工作质量的下降。做到了任务回应中高分数段要求的 well develop 和 fully develop。由此我们可以看出，想要取得任务回应方面的高分，必须充分讨论和延展话题涉及的所有方面。

连贯与衔接

针对此项评分标准，考官也给出了很高的评价，提到此篇文章信息和观点组织有逻辑，分段合理，并且使用了巧妙的衔接手段，整体上有层次清晰的推进。仔细阅读之后，我们不难发现文章使用的衔接语言都很自然，没有出现机械化或过渡的衔接。不仅如此，文章还使用了高阶的衔接方法，比如，准确的指代使用（this situation）和一些词汇的替换方式（additional source of income 替代 more than one job）。

词汇丰富程度

这篇文章展现了优秀的的词汇准确性和多样性，无论是高级词汇（exponentially）的使用，还是话题相关的词汇（break even，financial needs，improving their lot）的使用，都很精彩。文章还使用了一些习语（idiomatic language），如：把鸡蛋放在一个篮子里面（putting all eggs in one basket），过度分散时间精力（spread too thin），并且使用都相当精准，语言风格统一。在考场上，考生如果要展现出此等语言水平，在平时需要多多积累、归类和使用相关写作词汇。

语法多样性及准确性

除了优异的词汇使用，这篇考官作文还展现出了多样准确的句子结构变化，并且使用灵活自然。比如开头段用倒装结构描述了过去的就业情况（Gone are the days when）。仔细分析考官作文后，不难发现，整篇文章中相邻的句子之间几乎没有重复的句子结构。考官充分使用了倒装和非谓语从句（形式主语句、同位语加定语从句和动名词作主语等结构），也准确使用了时态（现在时、现在完成时和过去时，还有不同的情态动词等）。此篇作文的句型和语言做到了类型多而不乱，变化灵活但不影响理解和连贯性，值得考生借鉴学习。

★ 文中值得学习的词语搭配点：

搭配	释义
It is increasingly common	越来越普遍
hold down	保持
Gone are the days when...	……的日子已经一去不复返了
satisfy financial needs	满足财务需求

搭配	释义
make ends meet	维持生计
break even	收支平衡
in the hope of doing sth.	希望做某事
put all eggs in one basket	孤注一掷
burn out	疲惫不堪
spread too thin	（精力，时间或者钱）过于分散
remain balanced	保持平衡
It is not worth doing...	不值得做……
for the sake of...	为了……的缘故

Test 3

Speaking

Part 1 ▶▶▶

第一部分：考官会介绍自己并确认考生身份，然后打开录音机或录音笔，报出考试名称、时间、地点等考试信息。考官接下来会围绕考生的学习、工作、住宿或其他相关话题展开提问。

话题举例

★ Online shopping

1 **How often do you buy things online? [Why?]**

Well, I buy things online pretty often, like three or four times a week. I often buy everyday *essentials* or small items that are hard to find in *physical stores*. It's really *economical* and also super *handy* and *straightforward* to be able to shop from the *comfort* of my own home without having to leave and *deal with* crowds or traffic.

essential 必需品	physical store 实体店
economical 实惠的，省钱的	handy 方便的，便利的
straightforward 简单的	comfort 舒适
deal with 处理，应付	

2 **What was the last thing you bought online?**

Well, it should be the headphone that I bought the other week. I had been wanting to get myself a new headphone, but the one that I saw at the physical store was too *pricy* for me. Luckily there was an *online promotion* on the headphone, so I immediately *placed an order* online and received it in just a few days. It was a *hassle-free* experience and I was quite pleased with my *purchase*.

pricy 昂贵的	online promotion 在线促销活动
place an order 下单	hassle-free 省事的
purchase 购买的东西	

3 **Do you ever see things in shops and then buy them online? [Why/Why not?]**

Well, although I don't do that very often, sometimes when I see something I really like but with a high price, I'll go online to see if there's a better price for the item. For example, just *the other day*, I saw a jacket that really *caught my eye* in the store, but the price was too *steep*, so I searched for it online and found the exact same style at a much lower price. I then *made the purchase* and received the jacket in a few days. It was really a great deal as I saved quite a lot of money.

| the other day 几天前 | catch one's eye 吸引某人的目光 |
| steep （价格）很高的 | make the purchase 购买 |

4 **Do you think the popularity of online shopping is changing your town or city centre? [Why/Why not?]**

Well, I definitely think that it's changing my city, as more and more people *opt for* shopping from the comfort of their homes or through *digital devices* rather than visiting physical stores. This shift has led to a decline in *foot traffic* at physical stores, which has had a significant impact on businesses in my city. For example, due to the *pandemic* and the increasing trend of online shopping, a lot of small businesses and stores where I live have been forced to *shut down*, which is really *a shame*.

opt for 选择	digital device 电子设备
foot traffic 客流量	pandemic 疫情，大范围流行病
shut down 关门	(be) a shame 遗憾

Part 2 ▶▶▶

第二部分：考官给考生一张话题卡（Cue card），考生有 1 分钟准备时间，并可以做笔记（考官会给考生笔和纸），之后考生要作 1~2 分钟的陈述。考生讲完后，考官会就考生阐述的内容提一两个相关问题，由考生作简要回答。

> Describe a time when you enjoyed visiting a member of your family in their home.
> You should say:
>   who you visited and where they lived
>   why you made this visit
>   what happened during this visit
> and explain what you enjoyed about this visit.

话题卡说明

本题是一道事件经历类话题：描述一次你拜访家庭成员的经历。此题目比较常规，题目的限定也相对简单，描述时要注意该经历场景的搭建以及过去时态的准确使用。使用以下描述方法及策略可以增加词汇表达和语法结构的丰富度。

| 事件背景介绍 | Well, this topic reminds me of a time when I visited my aunt and uncle in their home. They lived in a charming little cottage in the countryside, surrounded by trees and gardens. And just a few months ago, they finished *redecorating* their home, so they invited me and my parents over for a *housewarming party*. |

话题事件描述	After we arrived there, my aunt and uncle warmly welcomed us and **showed** us **around** their **newly decorated** two-floored home. I was really impressed by their **distinctive** decoration style, a perfect **mix** of Chinese and **American rustic style**. After that, they gave us a tour of their lovely garden, where they shared about the various plants and flowers that they were taking care of.
话题事件描述	Later in the day, we took a long walk in the nearby **woods**, where we admired the **gorgeous** views and took lots of pictures together. I clearly remember we **came across** a little stream flowing through the woods, and we even caught some crabs and fish **barefoot**, which was tons of fun!
描述感受	After that, we headed back home and enjoyed a family meal together. I'd say it was really a great experience and we all had a wonderful time together! What I enjoyed most about this visit was the **sense of peace and relaxation** that I had there. The **tranquility** of the countryside, combined with the warmth and **hospitality** of my aunt and uncle, created a perfect atmosphere for **unwinding** and connecting with my family. It was a **memorable** and enjoyable experience and I really look forward to visiting their home again.

重点词句

redecorate	重新装修	gorgeous	非常漂亮的
housewarming party	庆祝乔迁聚会	come across	偶然遇见
show sb. around	带某人参观	barefoot	赤脚地
newly decorated	新装修的	sense of peace and relaxation	安静放松的感觉
distinctive	独特的，有特色的	tranquility	宁静
mix	结合，混合	hospitality	热情好客
American rustic style	美式乡村风格	unwind	放松
woods	树林	memorable	难忘的，值得纪念的

Part 3 ▶▶▶

第三部分：双向讨论（4~5 分钟）。考官与考生围绕由第二部分引申出来的一些比较抽象的话题进行讨论。第三部分的话题是对第二部分话题卡内容的深化和拓展。

话题举例

★ Family occasions

① When do families celebrate together in your country?

Well, families in my country generally celebrate together during various traditional holidays, such as Chinese New Year, Mid-Autumn Festival, the Dragon Boat Festival and so on. During these holidays, especially the Chinese New Year, family members will gather together for **family reunions no matter** *the distance*. Of course, when it comes to birthdays or anniversaries of family members, people will also come together for a big family celebration, in which they eat, *exchange gifts*, and *share updates* with each other.

family reunion 家庭团圆	no matter the distance 无论相隔多远
exchange gifts 交换礼物	share updates 聊天，分享近况

2 **How often do all the generations in a family come together in your country?**

Well, although Chinese people have a strong *sense of family values*, I would say all the generations in family don't gather together as often as they used to. And one major reason I think is the increasing *geographic mobility* of families, with members often living in different parts of the country for work or studies, which makes it difficult to *coordinate family gatherings* that bring everyone together. Also, *technological advancements* such as social media and video calls have provided an alternative way to *stay in touch* with family members who live far away without needing to physically be in the same location. Although this makes it easier to maintain relationships, it also sadly means the reduction in *face-to-face interactions* for all the generations in a family.

sense of family values 家庭观念	geographic mobility 地理流动性
coordinate 协调	family gathering 家庭聚会
technological advancement 科技进步	stay in touch 保持联络
face-to-face interaction 面对面交流	

3 **Why is it that some people might not enjoy attending family occasions?**

Well, I guess one reason could be that some people are too *reserved* or *withdrawn* to be around others and might find it a bit uncomfortable or even *overwhelming* to have to socialize with others, even if they're *related*. Another reason I can think of is that some people might be *put off* by the traditions that are expected to be followed at the family gathering such as the strict *dress code* or certain types of behavior. This is quite common among *Generation Z*, who may feel *constrained* and thus *reluctant* to participate in family events.

reserved 内向的，矜持的	withdrawn 沉默寡言的
overwhelming 让人难以招架的	related 有亲戚关系的
put off 使反感	dress code 着装要求
Generation Z 1995~2009 年出生的一代人	constrained 感到受约束的
reluctant 不情愿的	

★ Everyday life in families

1 **Do you think it is a good thing for parents to help their children with schoolwork?**

Well, I think it's generally a good thing for parents to offer help with their children's schoolwork. Firstly, when parents assist their children with schoolwork, they can provide *guidance* and support that can aid in understanding and completing assignments more effectively, which can lead to improved *academic performance* and better grades. Also, helping with schoolwork is a means for parents to show their concern for their child's education and desire to be *engaged in* their life. This can obviously help to strengthen the *parent-child relationship* and enhance communication between family members. Having said that, it's important for children to learn how to be *independent* and take responsibility for their own learning, so parents shouldn't *involve* too much in the guidance of their child's schoolwork.

guidance 指导	academic performance 学业成绩
engage in 参与	parent-child relationship 亲子关系
independent 独立的	involve 参与，涉及

2 **How important do you think it is for families to eat together at least once a day?**

Well, in my view eating together as a family at least once a day is *vitally important* as it can provide a great opportunity for family members to sit together and connect with each other by *having small talk* or sharing updates. This can help to create *a sense of togetherness* and build stronger relationships between family members. Also, it helps parents to *monitor* their children's eating habits and ensure that they are getting the proper nutrition. In fact, children who regularly eat meals with their families are more likely to have a healthy body weight and less likely to develop unhealthy eating behaviors such as *binge eating or dieting*.

vitally important 非常重要的	have small talk 聊天
a sense of togetherness 亲密无间的感觉	monitor 监控，监测
binge eating or dieting 饮食无度	

3 **Do you believe that everyone in a family should share household tasks?**

Yes, I strongly believe that everyone should contribute when it comes to *household chores*, because sharing household tasks can promote *a sense of equality and responsibility* among family members, and it can also help to *relieve the workload* for any one individual in the family, creating a more *harmonious* and *cooperative* living environment. Also, sharing household tasks is a good way to teach children important *life skills* such as how to be responsible and take care of themselves and their surroundings.

household chores 家务	a sense of equality and responsibility 平等和责任感
relieve the workload 减轻工作量	harmonious 和谐的
cooperative 合作的	life skills 生活技能

Test 4 Listening

Part 1 ▶▶▶

场景介绍

职业介绍所的 Greg 打电话给曾经前来询问过办公室工作的 Julie，告诉她相关岗位的信息和工作地点。之后两人谈及了这份工作的内容、岗位要求以及其他的相关信息。

必背词汇

employment	*n.* 就业；工作；职业	administration	*n.* 管理，行政
agency	*n.* 服务机构；代理机构	requirement	*n.* 必备条件；所需的东西
receptionist	*n.* 接待员	experience	*n.* 经验；经历
medical	*adj.* 医疗的	calm	*adj.* 镇静的；沉着的
deal with	解决；处理	confident	*adj.* 自信的
enquiry	*n.* 询问	manner	*n.* 举止；行为方式
appointment	*n.* 预约	temporary	*adj.* 临时的；短暂的
reorganise	*v.* 重新组织	further	*adj.* 更多的；更进一步的
maintain	*v.* 维护	opportunity	*n.* 机会；时机
internal	*adj.* 内部的	parking	*n.* 停车；泊车
database	*n.* 数据库		

拓展词汇

enquire	*v.* 询问	permanent	*adj.* 永久的；长久的
position	*n.* 职位；职务	contract	*n.* 合同；合约
reschedule	*v.* 将……改期；重新安排	quarter	*n.* 一刻钟，15 分钟
duty	*n.* 职责；任务	staff	*n.* 全体职工（或雇员）
up-to-date	*adj.* 最新的	route	*n.* 路线
administrative	*adj.* 管理的；行政的	forward	*v.* 发送；转交
high-pressure	*adj.* 压力大的	CV	*n.* 简历，履历
stress	*n.* 压力；精神压力	reference	*n.* 推荐信；介绍信
interact	*v.* 交流；沟通	arrange	*v.* 安排
reckon	*v.* 想；认为	interview	*n.* 面试

文本解析

1 Now when the details came in, I immediately thought of you because one thing they do require is someone with experience, and you did mention your work at the sports centre when you came in to see us. 当收到职位细节时，我马上想到你，因为他们确实需要的是一个有经验的人，而且当你来见我们时，你的确提到过你在运动中心的工作。在本句中，details 指"具体情况，（关于某事物的）资料，消息"。本句中第一个 come in 可以理解为"到达，被收到"。需要特别注意出现在动词 require 之前的 do，以及 mention 之前的 did，当句子中没有其他助动词加强语气时，可以使用"do+动词原形"强调相关信息。

2 Well, they say it's quite a high-pressure environment, they're always very busy, and patients are often under stress, so they want someone who can cope with that and stay calm, and at the same time be confident when interacting with the public. 噢，他们说那是一个压力相当大的环境，他们总是很忙，而且病人们经常处于压力之下，所以他们想要一个能够应对这些而且能保持镇静的人，同时能自信地和公众沟通。本句中注意两个与压力有关的表述，high-pressure 为形容词，意为"压力大的"，under stress 意为"在压力之下"。cope with 意为"处理，对付"，stay calm 表示"保持镇静"，interact with... 意为"与……交流，沟通"。

3 Yes, my husband would have to get the kids up and off to my mother's – she's going to be looking after them while I'm at work. 是的，我的丈夫会让孩子们起床，并动身去我母亲那里——我工作的时候她将会照顾他们。本句中，get sb. up 指"（使）起床"，get sb. off 指"（使）入睡"或者"（使某人）离开，出发，动身"，结合之后提及的 to my mother's 可知该短语在句中的意思是后者。

题目解析

答案速查： 1. receptionist 2. Medical 3: Chastons 4. appointments 5. database
6. experience 7. confident 8. temporary 9. 1.15 10. parking

　　本节题目包括 10 道笔记填空题。词数要求为 ONE WORD AND/OR A NUMBER。题目整体难度适中。

1 本题空前的 Role 意思为"职能，角色"，在原文中对应 position，同句中与职位相关的词为 receptionist，意思为"接待员"，即为本题答案。之后虽然 Julie 提到在运动中心工作过，但未出现职业相关词汇。

2 结合 Location 以及空前后首字母大写的 Fordham 和 Centre，预测本空内容是名称，且首字母大写的专有名称在原文中易原词重现。原文中 Fordham 出现后大致定位，关于 Centre 的内容为 Medical Centre，因此答案为 Medical。

3 结合空后的 Road，预测答案为道路名称。原文中 Julie 的问题提到了 where，大致可以定位本题答案。Greg 的回答中念出全称 Chastons Road，之后也进行了拼写。单词拼写类题目需要注意易混淆字母。

4 结合空前的 making，预测答案词性为名词。空格上面一行 dealing with enquiries 在原文中原词重现，之后 Greg 回答的内容中提及 also，提示定位到题干中下一个对应内容，即本题所在行。making 原词重现，之后紧跟名词 appointments，即本题答案。

⑤ 结合空前的 maintaining 以及 internal，预测答案词性为名词。在第 4 题相关内容叙述完之后，原文中出现 And another of your duties，定位到题干中下一个对应内容，即本题所在行。原文中的 keeping 对应题干的 maintaining，之后紧跟着出现 the centre's database，结合本节题目的词数要求，名词 database 即本题答案。

⑥ 结合同一小标题之下并列出现的项目符号"·"相关内容，预测答案词性有可能为名词（但需要注意，本题空格前后可辅助预测词性的信息并不充分，因此结合项目符号"·"相关的上下行进行辅助预测，还需要结合原文实际情况进行判断）。原文中首先出现 one thing，这类表述的作用与 4~5 题中讲到的 also 和 another 作用相似。之后出现强调 do require，require 对应题干小标题 Requirements，结合强调句型提示重点信息，原文中提到要求为 someone with experience，本句中的名词 experience 即本题答案。

⑦ 本题需要注意 calm 和空格形成的并列结构。原文中 calm 原词重现，and 之后的表述中，形容词为 confident，即本题答案。

⑧ 本题需要注意排除干扰信息。原文中首先出现与空格前后结构相同的 a permanent job，意思为"固定工作"，但句中包含否定表达 isn't，因此排除。之后提及 it's temporary，temporary 即本题答案，意思是"临时的"。

⑨ 本题结合空前的 7.45 a.m. 以及空后的 p.m. 预测答案为时间。原文提及开始的时间是 a quarter to eight in the morning，对应 7.45 a.m.。后来 Julie 问到 finish，即结束的时间，Greg 回答 One fifteen，即本题答案。结合答案词数要求，答案应写为 1.15。

⑩ 本题结合空后的 is 以及答案词数要求，预测答案词性为名词。在第 9 题相关内容之后，出现 one thing 这一表述，提示大致定位。紧跟着的句子中问到 parking，即停车相关信息，Greg 给出肯定回答 Yes，因此 parking 即本题答案。parking 为名词，意思为"停车，泊车"。

Part 2 ▶▶▶

场景介绍

本篇介绍了一座农耕生活博物馆。其中首先介绍了关于大楼用途的变迁史，然后讲到相关费用以及关于所带物品的建议，之后展开介绍了博物馆不同区域的信息。

必背词汇

originally	*adv.* 起初；原来	entrance	*n.* 入口；进入
factory	*n.* 工厂	fee	*n.* 费用
private	*adj.* 私人的	discount	*n.* 折扣
hall of residence	（大学）学生宿舍	charge	*v.* 收费
museum	*n.* 博物馆	exhibition	*n.* 展览
guide	*n.* 导游；向导	cloakroom	*n.* 衣帽间；衣帽寄放处

supervise	*v.* 监督；管理	coat	*n.* 外套；大衣
quiz	*n.* 智力游戏	jacket	*n.* 夹克衫
feature	*v.* 以……为特色	equipment	*n.* 设备；器材
expert	*n.* 专家；行家	specialist	*n.* 专家
one-way	*adj.* 单行的；单向的	demonstration	*n.* 示范；演示
background	*n.* 背景	competitive	*adj.* 好胜的
construct	*v.* 建造	memory	*n.* 记忆；记忆力
businessman	*n.* 商界人员；企业家	fragile	*adj.* 易碎的；不牢固的
collection	*n.* 收藏品	climb	*v.* 爬；攀登
outdoor	*adj.* 户外的；室外的	redevelop	*v.* 改造；重新建设
donation	*n.* 捐赠物；捐赠	wildlife	*n.* 野生动物
appropriate	*adj.* 合适的；恰当的	frog	*n.* 蛙；青蛙
photography	*n.* 摄影	fence	*n.* 栅栏，篱笆，围栏

拓展词汇

season	*n.* 季节	gallery	*n.* （艺术作品的）陈列室；画廊
farmhouse	*n.* 农场住宅，农舍		
bee	*n.* 蜜蜂	rucksack	*n.* 背包
pond	*n.* 池塘	animation	*n.* 动画片；动画制作
biscuit	*n.* 饼干	woodland	*n.* 树林；林地
extension	*n.* 扩建部分；扩大	scene	*n.* 场面；片段；情景
accommodate	*v.* 容纳；提供空间	photographic	*adj.* 摄影的；照片的
apart from	除了……外	shepherd	*n.* 牧羊人
shame	*n.* 令人惋惜的事	self-explanatory	*adj.* 无须解释的
interior	*adj.* 内部的；里面的	staircase	*n.* 楼梯
architectural	*adj.* 建筑学的；建筑方面的	landing	*n.* 楼梯平台
		regional	*adj.* 地区的；区域的
feature	*n.* 特色；特点	variation	*n.* 变化
outstanding	*adj.* 突出的；出色的	cart	*n.* 手推车

文本解析

1 So, where we're standing at the moment is the entrance to a large building that was constructed in 1880 as the home of a local businessman, Alfred Palmer, of the Palmer biscuit factory. 我们现在所处的位置是大楼的入口，这栋大楼建于 1880 年，是 Palmer 饼干工厂的 Alfred Palmer——一位当地商人的家。本句开头的 so 用于引出下文，where 引导主语从句，that was constructed in 1880 修饰限定 building。

2 In 2005, a modern extension was built to accommodate the museum's collections. 在 2005 年，建造了现代化的扩建部分，用来容纳博物馆的收藏品。本句中需要注意两个多义词。extension 在这里

指"扩建部分"，这个单词还有"扩大；延期"的含义。accommodate 在这里指"容纳，提供空间"，在其他语境中还可以有"提供住宿"的含义。

3. You may see students going into the building for lessons, but it's not open to museum visitors, I'm afraid. It's a shame because the interior architectural features are outstanding, especially the room that used to be the library. 你可能会看到学生们进入大楼上课，但是很遗憾，大楼不对博物馆参观者开放。真可惜，因为大楼内部的建筑特色很突出，尤其是曾经是图书馆的那个房间。这两句中注意表示遗憾的两个表述。I'm afraid 除了"恐怕"的意思外，还可以表达令人失望或者遗憾的事。shame 一词作为不可数名词时，有"羞耻，羞愧"的意思，但 a shame 在这里表示"令人惋惜的事，让人遗憾的事"，因此 It's a shame... 可以理解为"真可惜……"。

4. We do have a donation box just over there so feel free to give whatever amount you consider appropriate. 我们的确有一个捐款箱，就在那儿，所以可以随便捐赠你觉得合适的金额。本句中注意 do 和 Part 1 文本解析中讲到的强调作用相同，即当句子中没有其他助动词时用来加强语气，强调相关信息。feel free to do sth. 意为"（表示允许）可以随便做某事"。

5. Just inside, and outside the main gallery, we have an area called Four Seasons. Here you can watch a four-minute animation of a woodland scene. 就在博物馆里面，主画廊的外面，我们有一个区域，叫作"四季"。在这里你可以观看一部林地场景的时长为四分钟的动画片。第一句中不是指主画廊的里面和外面，inside 前一句说的是 different areas of museum，所以这里的 inside 指博物馆里面，而 outside 指主画廊的外面。另外还需要注意，单独表述"四分钟"为 four minutes，但以 four-minute 的形式作形容词修饰名词时，minute 需要使用单数形式。

题目解析

答案速查：11. B　12. A　13. A　14. C　15. F　16. G　17. E　18. A　19. C　20. B

本节题目难度适中，由单选题 11～14 题和搭配题 15～20 题组成。其中单选题出现较多干扰信息，需要特别注意排除干扰。搭配题的题干在原文中原词重现，需要充分预读选项，注意同义替换。

11. 本题需要用题干中的关键词来排除干扰项。题干中的 originally 意为"起初，原来"，这类与时间相关的词容易伴随干扰信息。在原文中 building 原词重现，结合题干大致定位。was constructed...as... 对应题干中的 originally，之后提及的相关内容为 home of a local businessman，对应 B 选项的 private home。A 选项的 factory 在原文中原词重现，但相关表述是说这位商人是 Palmer 饼干工厂的 Alfred Palmer，并不是在说博物馆建筑。C 选项的 a hall of residence 在原文中也原词重现，但相关表述为 was later sold，意为"后来被出售"，才成为学生宿舍，不符合题干中的 originally。因此本题答案为 B。

12. 本题题干中的 part 在原文中原词重现，之后原文提及的 lessons 对应 A 选项的 teaching rooms。B 选项中的 library 在原文中原词重现，但相关表述为 the room that used to be the library，used to 意为"曾经"，用于描述过去持续或经常发生的事，因此排除 B 选项。本题答案为 A。

13. 本题审题时需要注意题干中的关键词 entrance fee，意为"入场费"。原文中首先出现 free，表示"免费"，紧接着提及这包括了画廊、室外区域以及特别展厅，因此 C 选项的 special exhibitions 虽然原词重现，但"免费"这一信息与选项中的 charges extra 不符，排除 C 选项。之后原文中 children and students 原词重现，但相关表述为 no charge，与 B 选项中的 discount 不符，排除 B 选项。

最后原文提及 donation box，意为"捐款箱"，之后的 feel free to give whatever amount... 对应 A 选项。因此本题答案为 A。

🔟4 本题题干中的 cloakroom 在原文中原词重现，之后 cameras、coats 和 bags 都是原词重现。关于 cameras，原文表述为 keep your cameras with you，因此排除 A 选项。之后提及 not carrying，约等于对应题干中的 leave in the cloakroom，相关物品是 rucksacks，意为"背包"，同义替换 C 选项的 bags。之后 coats 再次原词重现，但相关表述是 keep your coats and jackets on，因此排除 B 选项。本题答案为 C。

15~20

题号	题干	选项	原文
15	Four Seasons	F. It features something created by students.	Just inside, and outside the main gallery, we have an area called Four Seasons. …It was designed especially for the museum by a group of young people on a film studies course, and it's beautiful.
16	Farmhouse Kitchen	G. An expert is here today.	Leaving Town and Country, you enter Farmhouse Kitchen, which is…well, self-explanatory. …And this morning, a specialist cheesemaker will be giving demonstrations of how it's produced.
17	A Year on the Farm	E. There is a quiz for visitors.	To the left is a room called A Year on the Farm. …If you're feeling competitive, you can take our memory test in which you answer questions about things you've seen in the museum.
18	Wagon Walk	A. Parents must supervise their children.	The next area's called Wagon Walk. …The carts are old and fragile, so we ask you to keep your children close to you and ensure they don't climb on the carts.
19	Bees are Magic	C. It is closed today.	In the far corner of the garden is Bees are Magic, but we're redeveloping this area so you can't visit that at the moment.
20	The Pond	B. There are new things to see.	Finally, there's The Pond, which contains all kinds of interesting wildlife. There are baby ducks that are only a few days old, as well as tiny frogs.

🔟5 本题题干 Four Seasons 在原文中原词重现，大致定位。接下来原文中提到 animation of a woodland scene 以及 was designed especially...，对应选项 F 中的 features something，这里的 feature 作动词，指"以……为特色"。原文中提到 a group of young people on a film studies course，得出这些年轻人是学生，对应选项中的 students。这里同时需要和 D 选项作区分，原文中说的是这是由上电影研究课程的一群年轻人设计的，a group of 指"一群"；而 D 选项说的是 only for school groups，意为"仅适用于学校团体"，不符合原文。因此本题选 F。

🔟6 本题题干 Farmhouse Kitchen 在原文中原词重现，大致定位。之后的原文中，this morning 对应 G 选项中的 today，a specialist cheesemaker 意为"专业的奶酪制造者（制造商）"或"奶酪制造专家"，对应选项中的 expert。因此本题选 G。

🔟7 本题题干 A Year on the Farm 在原文中原词重现，大致定位。之后的原文中，memory test 和 answer questions 对应 E 选项中的 quiz。因此本题选 E。

🔟8 本题题干 Wagon Walk 在原文中原词重现，大致定位。之后原文中提及手推车陈旧且易损，结合原文 your children 判断这里的说话对象是家长，对应 A 选项中的 Parents。本句中提及让孩子们

close to you（you 指的是家长），以及确保孩子们不要攀爬，对应选项中的 supervise，意为"监督，管理"。因此本题选 A。

19 本题题干 Bees are Magic 在原文中原词重现，大致定位。题干出现之后立即出现转折词 but，紧接的内容中 redeveloping 表示"改造中"或"重新建设中"，原文的 can't visit 对应选项 C 中的 closed，原文的 at the moment 对应选项中的 today。因此本题选 C。

20 本题题干 The Pond 在原文中原词重现，大致定位。之后的原文中提到有 baby ducks 和 tiny frogs，小鸭子们只有几天大，对应 B 选项中的 new things。thing 一词不仅可以表示"东西，物品"，在一些语境中还表示"生物，有生命的东西"。因此本题选 B。

Part 3 ▶▶▶

场景介绍

两名学生 Seb 和 Lia 与老师讨论关于折纸的视频课。学生们先讨论了孩子在折纸过程中培养的教育技能，然后评价了五个孩子在视频中折纸的表现。之后两人进一步讨论了课堂折纸活动前准备范例的重要性、教师不愿意在课堂上使用折纸的原因，以及在数学教学实践中关于折纸的应用。

必背词汇

educational	*adj.* 教育的	order	*n.* 顺序
video	*n.* 视频；录像	direction	*n.* 指示；说明
demonstrate	*v.* 展现	challenge	*n.* 挑战
independence	*n.* 自主；自立	key	*adj.* 关键的
support	*n.* 支持；帮助	aim	*n.* 目的；目标
competitive	*adj.* 竞争的；好胜的	benefit	*v.* 得益于
attitude	*n.* 态度	settle down	安静下来，平静下来
confused	*adj.* 迷惑的；糊涂的	concentrate	*v.* 集中（注意力）
model	*n.* 范例	motivate	*v.* 激励；激发
stage	*n.* 步；步骤	satisfied	*adj.* 满意的；满足的
craft	*n.* 手艺；工艺	perfect	*adj.* 完美的
maths	*n.* 数学；计算	effort	*n.* 努力
particular	*adj.* 特指的；特别的	unsure	*adj.* 不确定的
misunderstanding	*n.* 误解	be supposed to	应当
tool	*n.* 手段，方法；工具	clumsy	*adj.* 笨拙的；不灵巧的
fold	*v.* 折叠	present	*v.* 展示
shape	*n.* 形状；样子	fraction	*n.* 分数，小数

拓展词汇

origami	*n.* 折纸艺术	appealing	*adj.* 有吸引力的
terminology	*n.* 术语	aware of	知道；意识到
teamwork	*n.* 协同工作；配合	benefit	*n.* 益处
individual	*adj.* 单独的	engaging	*adj.* 有趣的；令人愉快的
disruptive	*adj.* 引起混乱的	reinforce	*v.* 加强
come across	（偶然）遇见，发现	geometric	*adj.* 几何（学）的
prepared	*adj.* 准备好的	symmetry	*n.* 对称
verbal	*adj.* 口头的；言语的	term	*n.* 学期
explanation	*n.* 解释；说明；阐述		

文本解析

1 One thing that really stood out for me was that the children were all having fun while being taught something new. 有一件事让我印象深刻，那就是孩子们在接受新知识的同时都很开心。stood 是 stand 的过去式，stand out 表示"突出，显眼"或"出色"，在这句话中指"留下深刻印象"。while 在本句中意为"与……同时"。

2 You could see him trying out different things rather than asking the teacher for help. 你能看到他尝试不同的事情，而不是寻求老师的帮助。本句中需要注意 rather than 意为"而不是"，在以往的听力题目中，rather than 后面紧跟的内容经常作为干扰信息出现，因此这一表述在一些题目中可以辅助排除干扰。

3 She seemed to be losing interest at one point but then she decided she wanted her mouse to be the best and that motivated her to try harder. 她看起来一度失去兴趣，但是后来她决定她想要自己的老鼠折纸成为最好的，这促使她更加努力。在本句中 lose interest 表示"失去兴趣"。point 可以理解为"时刻，瞬间"。that 指前面提及的她想要她的老鼠折纸成为最好的。

4 I think it would have taken me ages to prepare examples, showing each of the steps involved in making the bird. 我觉得准备范例会花费我很长时间，要展示制作鸟儿折纸的每一个步骤。本句中需要注意 would have done，是虚拟语气的一种表达。ages 在本句中意为"很长时间"。

5 I can see using origami is a really engaging way of reinforcing children's knowledge of geometric shapes, like they were doing in the video, but I think it would also work really well for presenting fractions, which is coming up soon. 我能看出使用折纸是一种很有趣的方式，可以增强孩子们关于几何图形方面的知识，就像他们在视频里做的那样，但我认为使用折纸也能够很好地展示分数，这很快就会到来。本句较长，需要注意其中的指代。it 指代前面讲到的 using origami。which 引导非限制性定语从句，指代前面主句中的部分内容。come up 指"（事情）即将发生（或出现、到来）"。

题目解析

答案速查： 21~22. B D 23. D 24. A 25. C 26. G 27. F 28. A 29. B 30. C

本部分由 21~22 多选题、23~27 搭配题以及 28~30 单选题组成。其中多选题需要注意选项的灵活对应以及排除部分干扰。搭配题题干中的人名在原文中均原词重现，需要在大致定位内容附近快速找出关键信息，识别选项的同义替换。单选题需要注意同义替换以及意见是否达成统一。

21~22 题干中的 educational skills、video、children、origami 在原文中都原词重现，帮助考生大致定位。video 出现之后，紧跟着原文中 Lia 提及在视频中孩子们听得很认真，确保他们按正确的顺序做了所有的步骤，all the steps 和 right order 对应 B 选项 following instructions，意为"遵循 / 听从指示"，B 为正确选项。之后 Seb 说到 working individually，individually 意为"单独地，分别地"，与 C 选项的 cooperatively 不符合，cooperatively 意为"合作地"；虽然 Seb 进一步提到 building teamwork，意为"建立团队合作"，但 Lia 的回复中出现转折词 but，并说 much more of a challenge，所以排除 C。接下来 Lia 通过 One thing 提示一项重点内容，结合本句中的 stood out（stood 为 stand 过去式），意为"突出的"，定位到重点内容。后面提到的 having fun 对应选项 D 中的 play，being taught 对应选项中的 learning，D 为正确选项。因此这两道多选题答案为 B、D。

23~27

题号	题干	选项	原文
23	Sid	D. seemed to find the activity calming	—…Let's start with Sid. —He was interesting because before they started doing the origami, he was being quite disruptive. —Yes. He really benefited from having to use his hands – it helped him to settle down and start concentrating.
24	Jack	A. demonstrated independence	—…What about Jack? I noticed he seemed to want to work things out for himself. —Mmm. You could see him trying out different things rather than asking the teacher for help.
25	Naomi	C. developed a competitive attitude	—…What did you make of Naomi? —She seemed to be losing interest at one point but then she decided she wanted her mouse to be the best and that motivated her to try harder. —She didn't seem satisfied with hers in the end, though.
26	Anya	G. seemed to find the activity easy	—Anya was such a star. She listened so carefully and then produced the perfect bird with very little effort. —Mmm – I think the teacher could have increased the level of difficulty for her.
27	Zara	F. seemed confused	—Maybe. I think it was the first time Zara had come across origami. —She looked as if she didn't really get what was going on. —She seemed unsure about what she was supposed to do, but in the end hers didn't turn out too badly.

23 Sid 在原文中原词重现，定位在本题。之后 Sed 先提及 disruptive，意为"引起混乱的"，但这是在开始折纸前。接下来 Lia 所述内容中，settle down 意为"安静下来，平静下来"，结合 start concentrating，对应 D 选项的 calming。因此本题选 D。

24 Jack 在原文中原词重现，定位在本题。下一句提及 want to work things out for himself，Lia 进一步说到 trying out different things，之后出现 rather than 表示"而不是"，排除了后面的 asking the teacher for help。这两句中的 for himself 以及 rather than 否定的内容，表现出 Jack 自主解决问题，对应 A 选项中的 independence。因此本题选 A。

25 Naomi 在原文中原词重现，定位在本题。下一句 Seb 先提及 losing interest，但紧跟着出现转折词 but，转折之后需要特别注意。之后提及 best，以及因为想要自己的老鼠折纸成为最好的而促使她 try harder，而且 Lia 后来还提到 Naomi 最后看起来对自己的折纸还不满意，这些表述对应 C 选项里的 competitive attitude，即"竞争态度"。因此本题选 C。

26 Anya 在原文中原词重现，定位在本题。下一句中提到她做出了完美的小鸟折纸，with very little effort 表示"很少的努力"。之后 Seb 进一步说到老师应该提升难度 increased the level of difficulty。这两处表述对应 G 选项中的 easy。因此本题选 G。

27 Zara 在原文中原词重现，定位在本题。下一句出现否定表述 didn't really get，表示"不太理解，不太明白"；之后出现 unsure，表示"无把握，不确定"。这两处表述对应 F 选项中的 confused。因此本题选 F。

28 本题的题干关键词在原文中的对应比较灵活，但选项关键词对应得较为直接。在原文中首先出现折纸活动在课上进展顺利、达到预期效果的一个原因是 well prepared，即"充分准备的"，对应题干中 before starting...。接下来重复提及"准备"这一概念，需要特别注意，相关表述为 prepare examples。在这一句中，原文中的 examples、showing 和 steps 分别为 A 选项中 models、demonstrate 和 different stages 的同义替换。因此本题选 A。

29 本题在审题时特别需要注意三处信息，agree 提示需要达成意见统一，unwilling 表示否定相关表述，because 提示原因。原文中 Seb 和 Lia 分别提到的否定表述为 isn't used more widely 和 feel it's not that appealing，这两处间接对应题干中的 unwilling。之后原文提到 aware of the benefits，而 A 选项中提及的是否定表述，not think...important；而且 Seb 的回应是 I don't know，此处未达成意见统一。接下来 Seb 说到 because，对应原因是 clumsy，意为"笨拙的，不灵巧的"；Lia 不仅以 That's true 表示赞同，还进一步说到包含否定的表述 not good with your hands。这两处表述对应 B 选项中的 not have the necessary skills。因此本题选 B。

30 题干关键词 maths teaching practice 在原文中原词重现，定位在本题。定位后先提及折纸能够增强孩子们对于几何形状知识的了解，紧跟着出现转折 but，转折词后需要特别注意。之后提及 presenting fractions，fractions 指"分数，小数"，之后的 which 从句说 is coming up soon，说明这是新的概念，对应 C 选项中的 new concept，之后 Lia 给出了肯定表述 Good idea。因此本题选 C。

Part 4 ▶▶▶

场景介绍

本节是关于法国浪漫主义代表作家维克多·雨果的介绍。主讲人先提及雨果的著名小说《悲惨世界》和相关改编，然后讲到他的早期职业生涯和流亡的经历，之后展开介绍了他在根西岛上的房子。

必背词汇

novel	*n.* 小说	favourite	*adj.* 特别受喜爱的
adapt	*v.* 改编；改写	view	*n.* 景色，风景
theatre	*n.* 剧场；戏剧	harbour	*n.* 海港；港口
cinema	*n.* 电影院	entertain	*v.*（尤指在家中）招待
overall	*adj.* 全面的；总体的	relative	*n.* 亲戚
plot	*n.* 故事情节	ownership	*n.* 所有权；产权
author	*n.* 作者	speech	*n.* 演说；讲话
career	*n.* 事业；职业	society	*n.* 社会
publicly	*adv.* 公开地	force	*v.* 强迫，迫使
social	*adj.* 社会的	reside	*v.* 居住在；定居于
issue	*n.* 问题；重要议题	property	*n.* 房地产
poverty	*n.* 贫穷；贫困	publication	*n.* 出版，发行；发表
dislike	*v.* 不喜爱；厌恶	own	*v.* 拥有，有
Europe	*n.* 欧洲	wooden	*adj.* 木质的；木头的
income	*n.* 收入；收益	item	*n.* 一件商品（或物品）
sale	*n.* 出售；销售	inexpensive	*adj.* 不昂贵的
poetry	*n.* 诗歌	contrast	*n.* 对比；对照
value	*v.* 珍视	deprived	*adj.* 贫穷的
furniture	*n.* 家具	donate	*v.* 捐赠

拓展词汇

Romantic	*adj.* 浪漫主义的	outspoken	*adj.* 直率的
movement	*n.* 运动	criticism	*n.* 批评
exile	*v.* 流放；流亡	ruler	*n.* 统治者；支配者
portrait	*n.* 肖像；半身画像	storey	*n.* 楼层
tapestry	*n.* 壁毯；挂毯	collapse	*v.*（突然）倒塌；瓦解
carving	*n.* 雕刻品；雕像	decorate	*v.* 装潢；装饰
furnished	*adj.* 配备家具的	furnish	*v.* 布置家具
wallpaper	*n.* 壁纸；墙纸	unique	*adj.* 独特的；独一无二的
release	*v.* 发布	attract	*v.* 吸引
insight	*n.* 了解	panelling	*n.* 嵌板
talented	*adj.* 有才能的；天才的	intricate	*adj.* 错综复杂的
height	*n.* 最佳点；顶点	atmosphere	*n.* 气氛；氛围
regard	*v.* 将……认为	shadowy	*adj.* 阴暗的
colleague	*n.* 同事；同僚	solemn	*adj.* 庄严的
literature	*n.* 文学；文学作品	lounge	*n.* 起居室
leading	*adj.* 最重要的；一流的	furnishing	*n.* 家具陈设
figure	*n.* 人物；人士	gesture	*n.* 姿态；表示
literary	*adj.* 文学的；爱好文学的	restore	*v.* 修复
genius	*n.* 天才；天才人物		

文本解析

1 Today, I'm going to provide a little more insight into this talented man and I'm going to talk particularly about the home he had on the island of Guernsey in the British Channel Islands. 今天，我打算让大家对于这位天才了解得更多一点，我将会特别谈一谈他在位于英国海峡群岛中的根西岛上的家。insight 意为"了解，洞悉"，provide a little more insight into... 在本句中可以理解为"（让听众）对……了解得更多一点"。

2 But first, his early career...as I've said, he was a writer, he was at the height of his career in Paris and he was very highly regarded by his colleagues. 但首先，他的早期生涯……就像我已经说过的，他是一位作家，在巴黎他正处在事业的巅峰，而且受到同僚们的高度评价。本句中的 height 指"顶点，最佳点"，因此 at the height of his career 可以理解为"处于事业巅峰"。regard...as... 意为"把……视为"或"将……认为"，本句中用作被动语态，也就是"被视为"。

3 This was a property that he bought using the money he'd made in France from the publication of a collection of his poetry. 这处房产是他用在法国出版诗集赚的钱买的一处房产。本句中需要注意两处修饰限定以及不同的时态。he bought... 修饰限定 a property，指"他……买的一处房产"；he'd made... 修饰限定 the money，指"他……赚的钱"。前半句中 bought 是 buy 的过去式，时态为一般过去时态；后半句中 he'd made 相当于 he had made，时态为过去完成时态，也就是说在买这处房产时已经完成了赚这笔钱这一动作。

4 He lived in the house with his family...and portraits of its members still hang in rooms on the ground floor, along with drawings that he did during his travels that he felt were important to him. 他和家人住在这处房子里……家庭成员的肖像画仍然挂在底层的房间里，除此以外，那儿还挂着他在那些对他很重要的旅行中画的画。动词 hang 意为"挂在墙上"。along with 指"除……以外（还）"，或者"与……同样地"。

5 So, Victor Hugo was a man of many talents, but he was also true to his values. While living in his house on Guernsey, he entertained many other famous writers, but he also invited a large group of local children from the deprived areas of the island to dinner once a week. 所以，维克多·雨果是一个多才多艺的人，但他也忠于自己的价值观。当住在根西岛的房子里时，他招待过很多其他著名的作家，但他还会每周邀请一大群孩子们来吃一次饭，这些当地的孩子们都来自于岛上的贫穷地区。这部分内容中，需要注意三个常见单词在不同上下文中的不同含义。true 在这里指"忠诚的，忠实的"，可以说 be true to sb./sth.。values 指"价值观"，这里使用的是复数形式。entertain 指"招待，款待"，比如 entertain friends，可以理解为"招待朋友"。另外需要注意这部分内容与对应题目的同义替换，deprived 意为"贫穷的"，与题干中的 poor 进行了同义替换。

题目解析

答案速查： 31. plot　32. poverty　33. Europe　34. poetry　35. drawings　36. furniture
37. lamps　38. harbour/harbor　39. children　40. relatives

　　本节为讲座类笔记填空题，需留意词数要求为 ONE WORD ONLY。题目整体难度适中。需要注意 Part 4 填空题的关键词在原文中的对应及其较为灵活的出现顺序，有时空前后的关键词不一定会按照题干中的顺序呈现在原文中。

31 本题结合空前的 its overall 以及词数要求预测答案词性为名词。首先结合小标题 His novel 以及 *Les Misérables* 大致定位。接下来原文中的 musical 和 film 分别为题干中 theatre 和 cinema 的同义替换。下一句中 general idea of 对应 overall，之后出现的名词为 plot，即本题答案，意为"故事情节"。另外，在转折词 but 出现后，相关内容为 much less about the author（关于作者的更少），也就是说，与作者相比，我们关于 plot 的了解更多，因此这里对应题干中的 more...than...。

32 本题结合空前的 such as 以及空后并列的 education 预测答案词性为名词。本题对应的小标题 His early career 以及空格前一行的 Paris 和 Romantic movement 在原文中都原词重现，可以大致定位。接下来原文中的 speeches 对应题干的 spoke publicly，issues 原词重现，之后出现的举例相关表述 like 对应题干中的 such as。紧跟的信息为 level of poverty，结合词数要求和上下文，poverty 即本题答案，意为"贫穷，贫困"。在原文下一句中，与答案并列的 education 也原词重现。

33 本题结合空前的 live elsewhere in 预测答案为地区、地点相关单词。本题对应的小标题中，France 和 exile 在原文中原词重现，大致定位。接下来原文中的 forced to 对应题干中的 had to，原文中的 other parts 替换题干中的 elsewhere。紧跟着出现的地区、地点相关单词为 Europe，即本题答案，意为"欧洲"。

34 本题关键词出现顺序较为灵活，需要注意题干中空格前后内容的乱序。结合题干中的 some，预测答案词性为名词。此处要注意，some 后不一定是复数名词。如果对维克多·雨果相关的信息比较了解，此处还可以结合空后的 he had written 进一步缩小预测范围。空后的名称 Guernsey 在原文中提前于本题其他关键词出现，house 在原文中被 home 替换，大致定位在本题。题干中的 income 在原文中被替换为 the money he'd made，其中 'd 指 had。空前的 from 在原文中也原词重现，之后紧跟 publication of a collection of his poetry，其中包含三个名词。结合空后的 he had written，本题答案应该为 poetry，意为"诗歌"，是一个不可数名词。

35 本题需要注意 portraits、空格和 tapestries 形成的并列结构，结合此结构预测答案词性为名词；同时需要注意部分关键词与答案的乱序，当部分关键词帮助定位在本行时，就需要关注句中的名词。原文中 portraits 原词重现，定位在本行，接下来出现 ground floor，后面紧跟 along with drawings，along with 意思为"除……以外（还）"，因此名词 drawings 为本题答案。tapestries 在原文下一句中原词重现，题干句末的 valued 在原文中被替换为 loved。

36 本题结合空格前后的 cheap 和 made of wood 预测答案为名词，且为木质物品。在 35 题内容结束之后，首先出现了 walls 这一名词，但原文中相关表述为 covered in dark wood panelling，与题干的 made of wood 不符。原文在同一句中出现 wooden furniture，wooden 意为"木质的，木头的"，对应题干 made of wood。原文下一句中的 relatively inexpensive 对应题干空前的 cheap。因此本题答案为 furniture，意为"家具"，是一个不可数名词。

37 本题需要注意 wallpaper 和空格形成的并列结构，结合此结构预测答案词性为名词。wallpaper 在原文中原词重现，具体表述为 wallpaper pattern，意为"壁纸图案"，与之后出现的 the lamps 形成并列，因此本题答案为名词 lamps，意为"灯"。题干空格后的 Chinese design 在原文中先于答案出现，同义替换为 Chinese influence。

38 本题结合空前 a view of the 预测答案词性为名词。该题型中项目符号表现出的结构顺序经常可以辅助大致定位。在上一行内容出现后，原文中 And then 提示大致定位到本行，接下来题干中的关键词 top 和 room 在原文中原词重现。本题包含一组较为灵活的同义替换，题干中的 view 在原文中对应 looks out over，这里的 look 表示"面向，正对，朝向"，looks out over the harbour 可以理解为"俯视港湾"。名词 harbour 即本题答案，这个单词的美式写法为 harbor。

39 本题关键词普遍原词重现，较容易定位。结合空前的 writers、as well as 以及形容词 poor，预测 答案词性为名词。原文中 entertained、other 和 writers 均原词重现，大致定位后，原文中出现 转折 but，后面内容需要特别注意。同一句中的 also 在该题型中的定位作用与 as well as 类似， 之后紧跟内容中的核心名词为 children，即本题答案。题干中的 poor 在原文中被 deprived 同 义替换。

40 本题需要注意空后关键词在原文中前置出现，以及同义替换在听力考题中的一种表现形式—— 主被动变化。本题结合空前的 Victor Hugo's 预测答案词性为名词。本题中句末的 1927 和 house 在原文中提前于答案原词重现，题干中的 ownership 在原文中替换为 owned，紧接着出现的名 词为 relatives，即本题答案。另外，题干为主动语态，而在原文中 house 提前，题干中的主语 relatives 在原文中以被动语态的状语形式 by his relatives 出现。

Test 4 Reading

Section 1 ▶▶▶

Questions 1~7

篇章介绍

体　裁	说明文
主要内容	介绍几款不同的冰激凌制作机

必背词汇

complicated	*adj.* 复杂的	alert	*v.* 警告
consistent	*adj.* 一贯的，一致的	tune	*n.* 曲调，歌曲
automated	*adj.* 自动的	considerable	*adj.* 可观的；相当大的
litre	*n.* 升	digital	*adj.* 数字的
capacity	*n.* 容量	struggle to	尽力做某事
gadget	*n.* 小工具	disassemble	*v.* 拆卸
decent	*adj.* 不错的，像样的	recipe	*n.* 食谱
ingredient	*n.* 原材料	robust	*adj.* 结实的，坚固的
shake	*v.* 摇晃	budget	*adj.* 经济型的
back and forth	反复地，来回地	bargain	*n.* 价格低廉品
feature	*n.* 特点	attachment	*n.* 附件；配件
built-in	*adj.* 内置的	fit	*v.* 适合
sensor	*n.* 感应器	physical	*adj.* 身体的
work out	计算出	fix	*v.* 安装
hardness	*n.* 硬度	kitchen appliance	厨房用具
setting	*n.* 设置		

认知词汇

fanatic	*n.* 狂热分子	lid	*n.* 盖子
stainless-steel	*adj.* 不锈钢的	paddle	*n.* 搅拌叶
tub	*n.* 桶，盆		

试题解析

答案速查： 1. B　2. C　3. F　4. A　5. C　6. D　7. C

题目类型 MATCHING

题目解析 注意特殊提示 You may use any letter more than once，即答案可以重复。注意原词陷阱。

1. Users of this machine will need to put some physical effort into making ice cream.

参考译文	这款机器的使用者在制作冰激凌的时候需要使用一些体力。
定位词	physical effort
文中对应点	B 段最后一句：只要每一种原料都是精确的量，你只需要不断地来回摇晃即可，非常高效。 分析：题目中的 physical effort 对应原文中的 shake back and forth。
答案	B

2. Users of this machine can decide how soft they want their ice cream to be.

参考译文	这款机器的使用者可以根据自己的需要来决定冰激凌的硬度。
定位词	soft
文中对应点	C 段第二句：我们最喜欢的一个特点就是它有一个内置的感应器可以计算出冰激凌或是冻酸奶的黏稠度是否达到了你想要的程度（一共有 12 档硬度设置），冰激凌制作完成之后，机器就会停止搅拌，用一段有趣的旋律来提醒你。 分析：题目中的 soft 对应原文中的 hardness。
答案	C

3. This ice cream maker can be fixed onto an existing kitchen appliance.

参考译文	这个冰激凌制作机可以安装在另外一款已有的厨房用具上。
定位词	an existing kitchen appliance
文中对应点	F 段第一句：如果你已经有一个 KitchenAid 食物搅拌机，这款配件（总共有 15 款适配搅拌机的配件）就可以配合搅拌机为你制作冰激凌。 分析：题目中的 an existing kitchen appliance 对应原文中的 a KitchenAid food mixer。
答案	F

4. It is possible to make a larger amount of ice cream at one time than in most other machines.

参考译文	可以一次性制作比大多数其他机器更多的冰激凌。
定位词	a larger amount
文中对应点	A 段第二句：这款机器工作的速度很快，只要 20 分钟便可完成，而且制作的冰激凌品质稳定，同时提供三种操作简易的全自动程序，它的两升超大容量更是其他大部分机器所没有的。 分析：题目中的 a larger amount 对应原文中的 an unusually generous two-litre capacity。
答案	A

5. This machine has features that make it worth the high price.

参考译文	这款机器的一些特征会让你觉得它虽然很贵但也是物有所值的。
定位词	high price
文中对应点	C 段最后一句：正如你在看到这款机器高昂的价格之后期待的那样，它拥有一个内置的冰箱，外形设计得非常美观。 分析：题目中的 high price 对应原文中的 considerable price tag；题目中的 features 对应原文中的 a built-in freezer and it feels beautifully engineered。
答案	C

6. People might find it difficult to take this machine apart.

参考译文	用户可能会觉得这款机器很难拆卸。
定位词	take this machine apart
文中对应点	D 段第二句：一些顾客反馈说想要清洗搅拌碗和搅拌叶的时候很难把机器拆卸下来，但是我们并没有遇到这个问题。 分析：题目中的 take this machine apart 对应原文中的 disassemble；题目中的 difficult 对应原文中的 struggled to。
答案	D

7. This machine makes an enjoyable sound when the ice cream is prepared.

参考译文	这款机器在冰激凌制作完成后会发出美妙的声音。
定位词	enjoyable sound
文中对应点	C 段第二句：我们最喜欢的一个特点就是它有一个内置的感应器可以计算出冰激凌或是冻酸奶的黏稠度是否达到了你想要的程度（一共有 12 档硬度设置），冰激凌制作完成之后，机器就会停止搅拌，用一段有趣的旋律来提醒你。 分析：题目中的 enjoyable sound 对应原文中的 a fun tune；题目中的 when the ice cream is prepared 对应原文中的 when it's ready。
答案	C

参考译文

••••••• 最好的冰激凌机 •••••••

你是否曾经想过在家自己制作冰激凌但又觉得太复杂？
这里为你提供一些可能会改变你想法的冰激凌机

A Magimix Gelato Expert

如果你超级喜欢吃冰激凌，这款机器就是你的最佳选择。这款机器工作的速度很快，只要 20 分钟便可完成，而且制作的冰激凌品质稳定，同时提供三种操作简易的全自动程序，它的两升超大容量更是其他大部分机器所没有的。另外，我们发现这款机器工作时的噪音要比很多同类产品更大，制作出来的冰激凌也可能会比我们喜欢的硬度要更低一些。

B Shake n Make Ice Cream Maker

如果你想制作一些比较基础的绵软的冰激凌，这款有意思的小工具可以满足你。你可以在机器的底部加少许冰和盐，然后把你所需要的原料放入不锈钢搅拌桶里，盖上盖子，用力摇晃至少三分钟。只要每一种原料都是精确的量，你只需要不断地来回摇晃即可，非常高效。

C Sage Smart Scoop

这是一款非常智能的机器。我们最喜欢的一个特点就是它有一个内置的感应器可以计算出冰激凌或是冻酸奶的黏稠度是否达到了你想要的程度（一共有 12 档硬度设置），冰激凌制作完成之后，机器就会停止搅拌，用一段有趣的旋律来提醒你。正如你在看到这款机器高昂的价格之后期待的那样，它拥有一个内置的冰箱，外形设计得非常美观。

D Lakeland Digital Ice Cream Maker

你只需要打开盖子，将原材料倒入机器，然后用设计美观清晰的数字面板来设定好时间。一些顾客反馈说想要清洗搅拌碗和搅拌叶的时候很难把机器拆卸下来，但是我们并没有遇到这个问题。这款机器还配有食谱，你能在其中找到一些非常美味的配方，这也是我们认为能给这款机器额外加分的原因。

E Judge Ice Cream Maker

关于这款机器我们确实收到了一些差评，但是如果你能考虑到它是我们所选机器中最便宜的一款，那么这些差评可能也不足为奇了，不过请注意它的搅拌叶确实不如其他机器结实。我们同样希望这款机器能配上更多的食谱。但是，一款这么便宜的机器也算得上是物超所值啦。

F KitchenAid Artisan Ice Cream Maker

如果你已经有一个 KitchenAid 食物搅拌机，这款配件（总共有 15 款适配搅拌机的配件）就可以配合搅拌机为你制作冰激凌。你只需要在使用之前把搅拌碗放在冰箱里冷冻一会儿，然后将它安装在搅拌器上（快捷又轻松），再倒入你喜欢的各种新鲜食材，一些食谱的制作时间大概只需要 20 分钟。

Questions 8~14

篇章介绍

体　　裁	说明文
主要内容	介绍摄影课程

必背词汇

appeal to	吸引	reception	*n.* 欢迎会
participant	*n.* 参与者	insurance	*n.* 保险
fantastic	*adj.* 极好的	venue	*n.* 场地，场所
typical	*adj.* 典型的	arrange	*v.* 安排
tuition	*n.* 指导，教学	option	*n.* 选择，选项

comprehensive	*adj.* 全面的	instruction	*n.* 指导，说明书
content	*n.* 内容	manual	*n.* 手册
dictate	*v.* 规定	charger	*n.* 充电器
attend	*v.* 参加，参与	footwear	*n.* 鞋
edit	*v.* 编辑	waterproof	*n.* 防水衣物
undertake	*v.* 承诺；答应	recommend	*v.* 推荐
refreshment	*n.* 茶点，点心	tutor	*n.* 导师
head out	出发，出门		

认知词汇

| unwind | *v.* 放松 | tripod | *n.* 三脚架 |
| grip | *n.* 走得稳 | filter | *n.* 滤光器 |

试题解析

答案速查： 8. FALSE　9. FALSE　10. NOT GIVEN　11. TRUE　12. TRUE　13. NOT GIVEN　14. TRUE

题目类型 TRUE/FALSE/NOT GIVEN 判断题

题目解析 此类型题目注意区分 FALSE 和 NOT GIVEN 的区别，考生需要以原文内容为判断基准，切忌脑补。

8. The course is aimed at people who are already skilled photographers.

参考译文	本课程专门面向已经有经验的摄影师。
定位词	skilled photographers
解题关键词	aimed at
文中对应点	第一段第一句：我们面向所有不同水平的用户推出为期三晚的周末摄影课程。 分析：文章中说课程适合不同水平的用户，因此题目的说法与原文矛盾。
答案	FALSE

9. Three meals a day are included in the course fee.

参考译文	课程的费用中包括一日三餐。
定位词	fee
解题关键词	three meals
文中对应点	第二段：课程的费用包括：每日个人指导、讨论会、欢迎宴会、晚餐、含早餐的双床房或大床房的三晚住宿。 分析：文章中说课程费用包括早餐和晚餐，并不包括午餐，因此题目的说法与原文矛盾。
答案	FALSE

10. The only way to reach the hotel is by car.

参考译文	到达酒店的唯一方法是乘车。
定位词	car
解题关键词	only way
文中对应点	第三段最后一句：周末拼车是一个非常受欢迎的选择。 分析：原文中只提到了可以拼车，但是并没有提到是否还有其他的交通工具可供选择，因此无法判断题目中的说法是否正确。
答案	NOT GIVEN

11. The topics covered on the course depend mainly on the wishes of the participants.

参考译文	课程涉及的主题主要取决于参与者的意愿。
定位词	topics
解题关键词	depend mainly on the wishes of the participants
文中对应点	课程信息第一点第一句：我们的课程虽然很轻松但是也很全面，内容大部分取决于参与者的要求。 分析：题目中的 topics 对应原文中的 content，题目中的 depend mainly on the wishes of the participants 对应原文中的 largely dictated by those attending，因此题目的说法符合原文信息。
答案	TRUE

12. Participants are expected to get up early on their first morning to take photographs.

参考译文	参与者需要在第一个早上早起拍摄照片。
定位词	first morning
解题关键词	get up early
文中对应点	课程信息第二点第一、二句：第一天下午三点左右到达后，你会有充足的时间办理入住、享受康沃尔郡的特色点心，之后就可以外出呼吸新鲜的空气，我们第一次的集体拍摄就安排在黄昏日落时分。享用晚餐之后你可以好好睡一觉，为第二天早上日出的拍摄做好准备。 分析：题目中的 get up early on their first morning 对应原文中的 start at sunrise the next day，这里要特别注意参与者到达的时间是第一天下午三点左右，所以第二天早上才是他们在课程中度过的第一个早上，因此题目的说法符合原文信息。
答案	TRUE

13. The tutor will show participants examples of her work after dinner.

参考译文	在晚餐之后导师会向学员展示自己的摄影作品。
定位词	tutor
解题关键词	her work after dinner

文中对应点	分析：原文中没有提到与导师有关的信息，因此无法判断题目中的说法是否正确。
答案	NOT GIVEN

14. Participants should be prepared for bad weather.

参考译文	各位参与者应该做好应对糟糕天气的准备。
定位词	bad weather
解题关键词	bad weather
文中对应点	课程信息第四点：以下设备是必需品：数码单反相机或者配有说明手册的桥式相机；电池和充电器；储存卡；舒适的、走得稳的鞋子；保暖的户外衣物以及防水衣物。 分析：原文提到了需要准备保暖的衣物以及防水衣物，说明有可能遇到雨雪天气，据此可以推断题目的说法符合原文信息。
答案	TRUE

参考译文

• 康沃尔海岸边的周末摄影课程 •

我们面向所有不同水平的用户推出为期三晚的周末摄影课程。报名课程的参与者将会欣赏到海岸线上的绝美风景，千变万化的光线，舒适的酒店住宿以及一些英国东南部的当地特色美食。

课程的费用包括：每日个人指导、讨论会、欢迎宴会、晚餐、含早餐的双床房或大床房的三晚住宿。

课程的费用不包含：保险、摄影器材、往返摄影场地的交通费。参与者需要自行安排交通方式。周末拼车是一个非常受欢迎的选择。

课程信息

- 我们的课程虽然很轻松但是也很全面，内容大部分取决于参与者的要求。课程包括在酒店里举办的图片编辑研讨会，以及在海边拍摄照片。我们也会带大家到更远的地方去尝试拍摄不同的风景。

- 第一天下午三点左右到达后，你会有充足的时间办理入住，享受康沃尔郡的特色点心，之后就可以外出呼吸新鲜的空气，我们第一次的集体拍摄就安排在黄昏日落时分。享用晚餐之后你可以好好睡一觉，为第二天早上日出的拍摄做好准备。晚上你可以在酒店放松一下，分享白天拍摄的心得感受，欣赏白天的摄影作品，也可以分享一下图像编辑的技术。

- 最大人数：每期课程最多四位摄影师。

- 以下设备是必需品：数码单反相机或者配有说明手册的桥式相机；电池和充电器；储存卡；舒适的、走得稳的鞋子；保暖的户外衣物以及防水衣物。

- 推荐设备：一个三脚架、滤光器、带有编辑软件的笔记本电脑及充电器。

Section 2 ▶▶▶

Questions 15~21

篇章介绍

体　　裁	说明文
主要内容	介绍工厂里使用呼吸保护装备的注意事项

必背词汇

hazardous	*adj.* 有害的，危险的	solid	*adj.* 坚固的
substance	*n.* 物质	suspend	*v.* 悬挂
dust	*n.* 灰尘	inspect	*v.* 检查
sore	*adj.* 酸痛的，疼痛的	strap	*n.* 带子
tight	*adj.* 紧贴的	tear	*n.* 裂口，破洞
seal	*n.* 密封	deterioration	*n.* 退化，恶化
yearly	*adj.* 一年一次的	elasticity	*n.* 弹力，弹性
fit	*n.* 适合；匹配	distortion	*n.* 变形
properly	*adv.* 适当地	crush	*v.* 挤压，压坏
release	*v.* 释放	unsuitable	*adj.* 不合适的
beard	*n.* 胡子	conduct	*v.* 实施，进行
compromise	*v.* 折中，妥协	alternative	*n.* 替代物
visual	*adj.* 视觉的	hang	*v.* 悬挂
mild	*adj.* 温和的	timber	*n.* 木材，原木
detergent	*n.* 清洁剂	rip	*v.* 撕裂
brush	*n.* 刷子	stretch	*v.* 可伸缩，有弹性
excess	*adj.* 过多的	expose	*v.* 暴露
irritation	*n.* 疼痛；刺激		

认知词汇

respiratory	*adj.* 呼吸的	rack	*n.* 架子
vapour	*n.* 蒸气	fraying edge	磨损的边缘
respirator	*n.* 呼吸器	inhalation	*n.* 吸气
solvent	*n.* 溶剂	exhalation	*n.* 呼气
rinse	*v.* 冲洗	valve	*n.* 阀，活门

试题解析

题目类型 SENTENCE COMPLETION

题目解析 注意题目要求 ONE WORD ONLY,即每空只能填一个词。

题号	定位词	文中对应点	题目解析
15	respirators, unsuitable	第一段 最后一句	题目:一些呼吸器不适合在 _____ 水平有限的区域使用。 原文:例如,负压呼吸器不应该在低氧的环境中使用。 分析:题目中的 unsuitable = 原文中的 should not be used,题目中的 limited levels = 原文中的 low,题目中的 areas = 原文中的 environments。 因此,本题答案为 oxygen。
16	facial fit tests	第二段 第二句	题目:面部适配度测试应该在 _____ 的基础上进行。 原文:你的雇主会安排一年一次的面部适配度测试来确保你得到的呼吸保护设备是完全适合你的。 分析:此题没有非常明显的同义替换作为解题的线索,需要考生完全理解原文相关内容,题目需要的信息是对测试的描述,facial fit test 在原文中原词重现,可定位到相关内容。根据理解文章内容可知,这个测试的特点是一年进行一次。 因此,本题答案为 yearly。
17	alternative, tight-fitting RPE	第二段 倒数第二句	题目:对于有 _____ 的员工来说,可能需要其他呼吸器来替代紧贴面部的呼吸保护装备。 原文:面部的毛发会导致呼吸器无法做好密封,所以如果你有胡子的话,你应该向雇主询问是否有其他类型的不需要那么紧贴面部的呼吸保护装备。 分析:题目中的 alternative = 原文中的 other forms,而且通过空格前面的 a,可以预判答案是一个名词单数,利用词性的线索可以更快地锁定答案。 因此,本题答案为 beard。
18	avoid cleaning	第四段 第一、二句	题目:请勿使用 _____ 来清洁呼吸保护装备。 原文:使用呼吸保护装备之后需要进行清洗和晾干。请使用温和的清洁剂,因为溶解剂等刺激性较强的产品会损坏呼吸器。 分析:题目中的 cleaning = 原文中的 wash and dry,原文提到了刺激性较强的产品,比如溶解剂,会损坏呼吸器,所以这是应该避免使用的。 因此,本题答案为 solvents。

题号	定位词	文中对应点	题目解析
19	timber, dry	第四段 最后一句	题目：可以将呼吸器悬挂起来，或是放在一个木制的 _____ 上面晾干。 原文：把呼吸器放在一个牢固的木头架上或是用晾衣绳把它悬挂起来晾干。 分析：题目中的 hung up = 原文中的 suspend；题目中的 timber = 原文中的 wooden。 因此，本题答案为 rack。
20	ripped, stretch	第五段 第二句	题目：请务必确保呼吸器的 _____ 没有被撕破而且仍然有弹性。 原文：请确认呼吸器的带子是否有破损、撕破、磨损的边缘以及弹性受损。 分析：题目中的 it is important to ensure = 原文中的 make sure you check，题目中的 ripped = 原文中的 breaks, tears, fraying edges，题目中的 stretch = 原文中的 elasticity。另外，注意空格后面的 are，可以预判答案是一个名词复数，利用词性的线索可以更快地锁定答案。 因此，本题答案为 straps。
21	exposed, stored	第六段 第二句	题目：存放呼吸器时，请勿将它直接暴露在 _____。 原文：请将呼吸器放在清洁干燥的地方，远离尘土、油性物质以及光照。 分析：题目中的 not be exposed to = 原文中的 away from；原文虽然有提到灰尘、油性物质和光照这三种应避免呼吸器接触的物质，但是考虑到空格前面的 direct，能够与其在词意上搭配的只有 sunlight，意为"阳光直射"。 因此，本题答案为 sunlight。

参考译文

•呼吸保护装备——给工厂员工的建议 •

如果在工作中你可能吸入一些空气中的有害物质，例如尘土、蒸汽或者某些气体，你应该佩戴呼吸保护装备。吸入有害物质可能会导致的常见的健康影响，包括眼睛酸痛和头痛。你需要确保使用正确的呼吸保护装备来做好防护。例如，负压呼吸器不应该在低氧的环境中使用。

一些类型的呼吸器必须确保面部区域的完全紧贴才能起到有效的防护作用。你的雇主会安排一年一次的面部适配度测试来确保你得到的呼吸保护设备是完全适合你的。测试中会释放一种物质，如果你的呼吸器无法正常工作的话，你会闻到或是尝到该物质，以此来检查呼吸器和面部区域之间是否完全密封。你需要将面部的胡须完全刮干净才能让呼吸器提供有效的保护。面部的毛发会导致呼吸器无法做好密封，所以如果你有胡子的话，你应该向雇主询问是否有其他类型的不需要那么紧贴面部的呼吸保护装备。佩戴首饰以及长发也会让呼吸保护装备的效果大打折扣。

使用呼吸保护装备

在使用之前请检查你的呼吸保护装备是否出现了损坏。如果你使用的呼吸器需要完全密封，务必在进入危险区域之前检查它是否正确地贴合你的面部。

清洁呼吸保护装备

使用呼吸保护装备之后需要进行清洗和晾干。请使用温和的清洁剂，因为溶解剂等刺激性较强的产品会损坏呼吸器。使用刷子和温水，并用干净的水进行冲洗。这样做可以将多余的清洁剂冲洗干净，避免引起皮肤刺痛。把呼吸器放在一个牢固的木头架上或是用晾衣绳把它悬挂起来晾干。

保养呼吸保护装备

每次使用完毕后以及清洁时都要对呼吸保护装备进行检查。请确认呼吸器的带子是否有破损、撕破、磨损的边缘以及弹性受损。检查吸气和呼气阀门是否正常工作且没有被损坏。

存放呼吸保护装备

错误的存放会导致呼吸保护装备变形。请将呼吸器放在清洁干燥的地方，远离尘土、油性物质以及光照。请将呼吸器放在不会被压坏的地方。

Questions 22~27

篇章介绍

体　　裁	说明文
主要内容	介绍如何减少奶牛农场工作人员在工作中受伤的风险

必背词汇

dairy	n. 乳品场	trolley	n. 手推车
slip	n. 滑倒	mechanical	adj. 机械的
trip	n. 绊倒	aid	n. 辅助，帮助
maintenance	n. 维护，保养	manual	adj. 手工的，手动的
hazard	n. 危险，风险	bend	v. 弯曲
install	v. 安装	awkward	adj. 难堪的，不舒适的
footwear	n. 鞋	overreach	v. 伸得过远
slip-resistant	adj. 防滑的	alternate	v. 交替，轮流
obstacle	n. 障碍物	repetitious	adj. 重复的
hang	v. 悬挂	rotation	n. 轮流，交替
indicate	v. 指示，指出	container	n. 容器
overhead	adv. 在头顶上方	accessible	adj. 易得到的，可使用的
wrap	v. 包裹	variety	n. 多样性，种类
handrail	n. 扶手		

认知词汇

fluid	*n.* 液体	fitting	*n.* 配件
grain	*n.* 谷物	bolt fastener	螺栓紧固件
spill	*n.* 溢出，洒出	padding	*n.* 填料，垫料
mat	*n.* 垫子	tape	*n.* 布条，线带
pipe	*n.* 管道	bucket	*n.* 桶
cable	*n.* 线缆	calves	*n.* 小牛，牛犊（calf 的复数）
hose	*n.* 软管		

试题解析

答案速查： 22. footwear   23. padding   24. handrails   25. trolleys   26. overreach   27. rotation

题目类型 TABLE COMPLETION

题目解析 注意题目要求 ONE WORD ONLY，即每空只能填一个词。

题号	定位词	文中对应点	题目解析
22	grain	"潮湿或肮脏的表面"第二点	题目：确保所有 _____ 都具备良好的抓地力。 原文：·在潮湿的工作区域放置防滑垫，确保所有的鞋都是防滑的。 分析：由左栏的 Slippery floor surfaces 可以知道本题对应的是原文 "Surfaces which are wet or dirty" 的内容，本空前一条中的 grain 在原文中原词重现，由此可知，后面即将出现本题答案。题目中的 have good grip = 原文中的 slip-resistant，题目中的 ensure = 原文中的 make sure。 因此，本题答案为 footwear。
23	Overhead obstacles	"在奶牛农场上的障碍物，例如管道和线缆"第二点第三句	题目：确保它们都被 _____ 所覆盖。 原文：如果头顶上方有障碍物，应该用填料将它们包裹起来，避免员工受伤。 分析：overhead obstacles 在原文中原词重现，只是顺序有变动，题目中的 covered with = 原文中的 wrapped in。 因此，本题答案为 padding。
24	good lighting	"太高的台阶，比较浅的台阶，或是光线昏暗处的台阶"第二、三点	题目：提供良好的照明并且安装 _____。 原文：·应该安装扶手。 ·良好的照明同样有助于减少受伤的风险。 分析：题目左栏中的 Unsuitable steps 对应原文中的 Steps which are too high or not deep enough，good lighting 原词重现，题目中的 install = 原文中的 fitted。需要注意的是本题中 and 并列表示的内容与其在原文中出现的顺序不同。 因此，本题答案为 handrails。

题号	定位词	文中对应点	题目解析
25	Lifting and carrying, hand, equipment	第一个"管理风险"第二点	题目：尽量不要用手来移动容器，用一些设备，例如_____替代。 原文：·如果有可能，可以使用手推车以及其他辅助机械来替代手工作业。 分析：题目中的 hand = 原文中的 manual，题目中的 equipment= 原文中的 mechanical aids，空中应该填一个具体的设备名称。 因此，本题答案为 trolleys。
26	Milking by hand, bend	第二个"管理风险"第一点第二句	题目：把所有要用到的东西都放在容易拿取的地方，这样员工就不需要弯腰或是_____。 原文：确保所有所需设备都放在手边，避免工人必须探身到很远的地方或是弯腰去拿取。 分析：题目中的 keep everything accessible = 原文中的 all equipment needed is close by，题目中的 don't need to = 原文中的 avoid...having to，题目中的 employees = 原文中的 workers。 因此，本题答案为 overreach。
27	Milking by hand, variety	第二个"管理风险"第二点	题目：引入一个_____的系统来提升多样性。 原文：·交替进行不同的工作可以减少重复的手工作业，包括轮流穿上和卸下挤奶设备。 分析：题目中的 increase variety = 原文中的 reduce repetitious manual handling tasks。 因此，本题答案为 rotation。

参考译文

· 在乳品场与奶牛一起工作的员工指导 ·

滑倒和绊倒

在乳品场工作时，滑倒和绊倒是最常见的事故之一。这样的事故常常发生在挤奶、维护以及清扫的过程中。

以下三种危险会增加员工滑倒和绊倒的可能性：

1. 潮湿或肮脏的表面

- 建立一个立即响应牛奶、油污以及打扫液体溢出和谷物洒出的系统，并且确保员工遵守这个系统。
- 在潮湿的工作区域放置防滑垫，确保所有的鞋都是防滑的。

2. 在奶牛农场上的障碍物，例如管道和线缆
- 将软管和管道沿着墙壁铺设，远离人行走的区域，可以减少绊倒事故的发生，同时将不用的配件移除，例如地板里面的螺栓紧固件。
- 尽可能地将入口处和通道上的障碍物移走。那些不能移走的可能会有绊倒危险的障碍物应该用黄色的警示带做好清晰的标记。如果头顶上方有障碍物，应该用填料将它们包裹起来，避免员工受伤。

3. 太高的台阶，比较浅的台阶，或是光线昏暗处的台阶
- 建造高度合适的台阶并且使用防滑地面。
- 应该安装扶手。
- 良好的照明同样有助于减少受伤的风险。

抬举和搬运
　　以下工作对于奶牛场的工作人员来说都存在风险：
- 抬起装满谷物、水或是牛奶的桶。
- 抬起牛犊。

管理风险
- 每只手拿一个桶，平衡重量。
- 如果有可能，可以使用手推车以及其他辅助机械来替代手工作业。

手工挤奶
　　在挤奶的过程中可能会引起受伤的具体工作包括：
- 身体弯曲，呈不舒服的姿势。
- 给奶牛穿上以及卸下挤奶设备。

管理风险
- 考虑设计或是改变挤奶的区域，工人就可以调整工作时的高度来适应自己。确保所有所需设备都放在手边，避免工人必须探身到很远的地方或是弯腰去拿取。
- 交替进行不同的工作可以减少重复的手工作业，包括轮流穿上和卸下挤奶设备。

Section 3 ▶▶▶

Questions 28~40

篇章介绍

体　　裁	说明文
主要内容	介绍在秋天的夜晚拍摄照片

必背词汇

hemisphere	n. 半球	accessible	adj. 可使用的，可接近的
inspiring	adj. 鼓舞人心的，激发灵感的	tend to	倾向于做某事
approach	v. 接近	magnify	v. 放大
fungi	n. 菌类，蘑菇（fungus 的复数）	resident	n. 居民
dusk	n. 黄昏	waste bin	垃圾桶
dawn	n. 黎明	mammal	n. 哺乳动物
thrive	v. 茁壮成长，兴旺	proliferation	n. 激增
subject	n. 主题	specialise	v. 专门研究
noticeable	adj. 明显的	innovative	adj. 创新的
initial	adj. 最初的	complex	adj. 复杂的
vary	v. 变化	time-consuming	adj. 耗时的
horizon	n. 地平线	variable	n. 变量
phase	n. 阶段	spoil	v. 影响，破坏
coincide with	符合，与……一致	fading	adj. 逐渐减弱的
reflect	v. 反射	opportunistic	adj. 机会主义的
illuminate	v. 照亮	manner	n. 方式
landscape	n. 风景；景色	visible	adj. 能看到的
constellation	n. 星座	artificial	adj. 人工的
consist of	由……组成	appeal	n. 吸引力
frame	n. 边框，框架	in relation to	关于
galaxy	n. 星系		

认知词汇

appreciably	adv. 明显地	camera-trap	n. 相机陷阱
dormant	adj. 休眠的	star-studded	adj. 布满星星的
nocturnal	adj. 夜间的	genre	n. 类型
render	v. 表达，表现	hoped-for	adj. 期望中的
telephoto lens	长焦镜头	ambient	adj. 周围的，环境的
afield	adv. 遥远地	floodlight	n. 探照灯
intrusion	n. 入侵，扰乱	backdrop	n. 背景
wild boar	野猪	foreground	n. 前景
fringe	n. 边缘	outline	n. 轮廓
forage	v. 觅食	flock	n. 群
repertoire	n. 全部技能	windmill	n. 风车
resort to	依靠，求助于	compositional	adj. 创作的
astro-photography	n. 天文摄影	graphic	adj. 图形的

试题解析

答案速查： 28. vi　29. i　30. vii　31. iv　32. iii　33. viii　34. v　35. fungi　36. horizon
37. surface　38. landscape　39. galaxies　40. gardens

Questions 28~34

题目类型 LIST OF HEADINGS

题目解析 此类型题目考查学生理解和把握段落大意的能力，也就是说，考生需要大致理解一个段落中每一句话的含义，再根据句与句之间的关联和这些句子组合起来共同表达的主题，得出对整段主题的理解，不能根据段落中的某一句话的细节表述而以偏概全。

28. A season that may seem unsuitable for photographers

参考译文	一个对于摄影师来说可能不太适合拍照的季节
定位词	season, unsuitable
文中对应点	Section A 分为两个段落，第一段的第一句话点明了主题"对于摄影师来说，北半球的十一月并不是最能够激发创作灵感的月份。"，后面罗列了一些细节信息给出进一步的补充，比如白昼变短导致光照不足、很多动物迁徙去了其他温暖的地方、大自然处在休眠的状态中。这些内容都可以证明十一月是一个可能不太适合拍照的季节，题目中的 unsuitable 可以对应本段第一句话中的 not the most inspiring of months，题目中的 season 可以对应 November。第二段讲到在漫长的黑夜中反而有一些白天不太容易遇到的拍摄素材，说明这个季节也并不是完全不适合拍照，可以很好地呼应题目中的 seem。
答案	vi

29. How chance contributes to conditions being right

参考译文	时机是如何促成条件的成熟
定位词	chance
文中对应点	Section B 第一句话讲到"月亮是你在初次尝试夜间拍摄时显而易见的素材"，后面几句讲到如何达到好的拍摄效果、拍到月亮的亮度最大的画面以及需要掌握月亮升起的时间。第三句提到时机的把握还需要一点运气，这里的 a bit of luck 可以对应题目中的 chance。
答案	i

30. No longer too expensive

参考译文	不再那么昂贵
定位词	expensive
文中对应点	Section C 包含两个段落。第一段提到由于相机设备的发展，现在摄影师可以轻松地捕捉到大量拍摄对象的细节，而且相关的技术也越来越便宜，这一切对于十年前的摄影师来说都是完全不敢想象的。原文的 affordable 可以对应题目当中的 no longer too expensive。第二段讲到拍摄月亮的摄影师会用到长焦镜头来放大月亮在照片上的尺寸。
答案	vii

31. How human developments are affecting wildlife

参考译文	人类的发展如何影响野生动物
定位词	human developments, wildlife
文中对应点	Section D 分为两个段落。第一段第一句讲到夜间摄影除了拍摄月亮之外也可以拍摄其他素材,这句话作为一个过渡句承接 Section C 关于月亮的讨论,开启下文的新话题。第二句讲到了由于城镇规模的扩张,一些动物或是逃离到更远的地方或是逐渐适应城市化的生存环境。第二段用狐狸、鹿、野猪来举例说明这些动物是如何适应人类的城市化的,比如它们会到垃圾桶或是居民的花园里觅食,这些动物的行为可以对应题目当中的 affecting wildlife,文章当中的 urbanised surroundings 可以对应题目当中的 human developments。
答案	iv

32. The process of photographing animals at night is getting easier

参考译文	夜间拍摄动物变得越来越容易
定位词	photographing animals, easier
文中对应点	Section E 分为两个段落。第一句讲到了城市当中的野生动物越来越多导致很多摄影师开始夜间拍摄。第二、三句讲到了拍摄技术的发展让夜间拍摄动物更加容易,甚至不用借助专门的器材,这些内容可以对应题目当中的 getting easier。第二段讲到了天文摄影和动物摄影相结合创造出了非常有创意的夜间拍摄风格。
答案	iii

33. A less ambitious approach

参考译文	一种不那么费劲的方法
定位词	less ambitious
文中对应点	Section F 第一句是一个承上启下的过渡句,讲到了之前说的各种摄影方法如果你觉得太复杂太耗时,就可以考虑用更加投机取巧的方式来抓住黄昏的一段时间进行拍摄,这种拍摄方式不那么麻烦,也不需要用到人造光源,这些内容可以对应题目当中的 less ambitious approach,ambitious 在题目中的意思是"费劲的"。
答案	viii

34. Photographing objects that can't be seen in detail

参考译文	拍摄一些看不清细节的物体
定位词	can't be seen in detail
文中对应点	Section G 讲到在黄昏的这段时间里,我们也可以利用天空中低垂的环境光为背景去拍摄在各种亮度下的前景物体,甚至是逐渐暗淡的天空下模糊的轮廓。各种各样可以拍摄的素材包括大海上的轮船、低空飞行的鸟群、大树、风车、摩天大楼以及桥梁。白天的时候这些都是我们熟悉的景色,但是在黄昏夜空的映衬下它们褪去了本来的色彩,所以拍摄的重点就是它们独特的形状轮廓,而不是物体的细节,这些内容可以对应题目当中的 can't be seen in detail。
答案	v

Questions 35~40

题目类型 SENTENCE COMPLETION

题目解析 注意题目要求 ONE WORD ONLY，即每空只能填一个词。

题号	定位词	文中对应点	题目解析
35	November, grow	Section A 第一段	题目：十一月是一个 _____ 成长的时间。 原文：对于摄影师来说，北半球的十一月并不是最能够激发创作灵感的月份。由于冬天的临近，白昼的长度明显变短，狂风骤雨打落了最后的秋叶。整个大自然都仿佛进入了一种休眠的状态，因为很多鸟儿早早地就飞到了更温暖的地方，各种菌类破土而出，很多动物开始冬眠直到下一个春天将它们唤醒。 分析：Section A 提到了两次 November，但是题目需要的答案是某个成长的物质，而文章在提到十一月的时候讲到的白昼长度、树叶、鸟儿、冬眠的动物这些概念都无法体现题目当中的 grow，只有 fungi 这个信息后面提到的 break through the earth 可以对应题目当中的 grow。 因此，本题答案为 fungi。
36	size of the moon	Section B 第二句	题目：肉眼下月亮的大小取决于它与 _____ 的位置关系。 原文：你一定要了解月亮升起的时机，这一点很重要，因为月出的时机不但会随着一年当中不同的时间而发生变化，同时当月亮离地平线的距离最近的时候，月亮看起来总是体积最大的。 分析：题目中的 size = 原文中的 largest，题目中的 its position in relation to = 原文中的 it is closest。 因此，本题答案为 horizon。
37	sunlight, reflected	Section B 倒数第二句	题目：太阳光被月亮的 _____ 反射。 原文：月亮并不能像太阳或是星星那样自主发光；相反，它只能反射到达月球表面的太阳光。 分析：题目中的 sunlight = 原文中的 the light of the sun，reflected 在原文中以 reflecting 的形式出现。 因此，本题答案为 surface。
38	buildings	Section B 最后一句	题目：当夜空很清澈的时候，很多在 _____ 的物体，例如建筑物，都是肉眼可见的。 原文：在满月出现的夜晚，月球也仅仅反射了太阳光的 10%，但是这些光亮也足以照亮建筑物、树木、桥梁等其他地面景观特色。 分析：题目中的 visible = 原文中的 illuminate，本空应填入 buildings 的上义词。原文举的各种例子，包括建筑物、树木、桥梁等都属于地面景观。 因此，本题答案为 landscape。

题号	定位词	文中对应点	题目解析
39	constellations	Section C 第一段 第二句	题目：使用现代相机，不但可以拍摄到各个星座，还能拍摄到 _____。 原文：我们能拍摄到整个星座中数千个星光布满画面的照片，甚至能捕捉到很多星系，例如我们身处的银河系。 分析：题目中的 not only...but also... = 原文中的 and，答案需要填一个和 constellations 并列的单词，注意填空题中出现的并列关系通常可以帮助我们更快地找到答案。 因此，本题答案为 galaxies。
40	deer, wild boar	Section D 第二段 第二句	题目：鹿和野猪可能会在城镇的 _____ 中寻找食物。 原文：最近几年，鹿和野猪这些体积更大的哺乳动物同样也适应了城市的边缘地带，它们生活在一些公园和附近树林的掩护下，晚上就会到居民的花园里觅食。 分析：题目中的 search for food = 原文中的 forage，题目中的 towns = 原文中的 urban fringes，此题的难点在于 forage 是一个较低频的单词，可能会影响考生定位答案。 因此，本题答案为 gardens。

参考译文

· 秋季夜间摄影 ·

Ⓐ 对于摄影师来说，北半球的十一月并不是最能够激发创作灵感的月份。由于冬天的临近，白昼的长度明显变短，狂风骤雨打落了最后的秋叶。整个大自然都仿佛进入了一种休眠的状态，因为很多鸟儿早早地就飞到了更温暖的地方，各种菌类破土而出，很多动物开始冬眠直到下一个春天将它们唤醒。

貌似这时候应该把相机收起来，暂时忘记摄影这件事，直到初雪落下的时候。然而，事情也不尽如此。随着白昼变短以及白天的光线变暗，十一月是一个可以让你转移注意力，发现一些从黄昏到黎明的漫长黑暗中出现事物的绝佳月份。在夜晚，仍然有大量的生命保持活跃，它们也给我们提供了与白天时分完全不同的拍摄素材。

Ⓑ 作为夜空中最引人注目的物体，月亮是你在初次尝试夜间拍摄时显而易见的素材。你一定要了解月亮升起的时机，这一点很重要，因为月出的时机不但会随着一年当中不同的时间而发生变化，同时当月亮离地平线的距离最近的时候，月亮看起来总是体积最大的。要想捕捉到月亮最璀璨夺目的时刻，你还需要一点运气：月亮最亮的时候——也就是我们说的满月——同时需要清澈无云的夜空作为理想的天气条件。月亮并不能像太阳或是星星那样自主发光；相反，它只能反射到达月球表面的太阳光。在满月出现的夜晚，月球也仅仅反射了太阳光的10%，但是这些光亮也足以照亮建筑物、树木、桥梁等其他地面景观特色。

Ⓒ 使用今天的相机，我们能获取大量的细节。我们能拍摄到整个星座中数千个星光布满画面的照片，甚至能捕捉到很多星系，例如我们身处的银河系。十年前，没有几个人能拥有合适的设备拍出这样的夜景照片，但如今，因为有了更加先进和便宜的技术，几乎所有摄影师都能拍到这类照片。

然而，选择拍摄月亮的摄影师可能并没有这方面的担忧，因为他们更喜欢用长焦镜头来将月球拍得更大，尤其是当月球低悬在夜空时，摄影师可以在画面中加入某个地标或是可以辨认的结构来凸显月球的存在。

D 当然了，夜晚的世界同样也给我们提供了一些更接地气的摄影素材，一些在白天我们更加熟悉的东西。随着城镇规模扩张逐渐挤占了更多的绿地，一些野生动物为了躲避人类的烦扰而逃到更远的地方，然而另外一些动物逐渐适应了这种新的城镇化的生活环境。

在一些欧洲城市，晚上看到狐狸已经变得越来越稀松平常，因为在夜色的掩护下它们得以苗壮成长，而城市居民的垃圾桶也成为了它们的食品供给站。最近几年，鹿和野猪这些体积更大的哺乳动物同样也适应了城市的边缘地带，它们生活在一些公园和附近树林的掩护下，晚上就会到居民的花园里觅食。

E 城市中野生动物数量的激增让一些摄影师开始专门研究如何拍摄记录这些夜间活动的动物，它们也逐渐爱上了城市夜生活。那些能够让拍摄夜空更加方便容易的先进的相机技术同样也大大扩展了野生动物摄影师的创造才能。如今，我们可以在夜间或是黄昏刚刚过去的时候拍摄到一些野生动物，且不需要总是借助一些专业的器材。

更有意思的是，近些年，一些天文摄影的技术与野生动物的相机陷阱相互结合，就能拍到以星星密布的夜空为背景的夜行动物的照片。这两种摄影类型的融合创造出了一种全新的夜间摄影的风格。

F 如果以上说的这一切都看起来太过复杂和耗时，其中存在着太多变量因素导致无法达到你想要的效果，你也可以考虑用更加投机取巧的方式，利用黄昏之后短暂出现的夜空中逐渐暗淡的光线。黄昏是夜间阶段的一部分，此时虽然太阳已经完全落下去了，但是它的光芒仍然可以看得到。在黄昏刚刚开始的时候，我们周围的环境中仍然有足够的光线来照亮拍摄的素材，不需要例如探照灯或是路灯这样的人造光源。

G 虽然我们当中很多人都会拍摄落日，但是黄昏的这段时间里，我们也可以利用天空中低垂的环境光为背景去拍摄在各种亮度下的前景物体，甚至是逐渐暗淡的天空下模糊的轮廓。各种各样可以拍摄的素材包括大海上的轮船、低空飞行的鸟群、大树、风车、摩天大楼以及桥梁。白天的时候这些都是我们熟悉的景色，但是在黄昏夜空的映衬下它们褪去了本来的色彩，所以它们独特的可以辨认的轮廓所带来的图形吸引力就成为了照片构图的力量。

Writing Task 1 ▶▶▶

题目要求

见《剑桥雅思官方真题集 18 培训类》P100

审 题

你最近参加了一个职业培训课程。你的雇主向你询问对这个培训课程的反馈。

给你的雇主写一封信。在信中

- 提醒你的雇主这个课程的内容
- 解释为什么这个课程对你的工作有所帮助
- 说明为什么这个课程对于部分同事可能不适用的原因

写作思路

确定语气

此篇 Task 1 作文题目要求考生给雇主写一封反馈信，目的是对近期参与的一项培训进行反馈。考生应该通过仔细阅读题目，迅速确定书信的写作重点、目的、写信人和收信人的身份关系，然后选择书信的正式程度、语言使用的风格等。如果是写给自己的雇主，这封信的语言风格应该是礼貌、真诚、语气相对正式的。如果接受的培训课程为写信人提供了一定的帮助，考生还需要在书信中表达感谢之情。

题目整体分析

提示一需要考生提醒雇主课程内容。为了回应这个提示要求，也为了更好地展开阐述后面的两个提示，考生需要构思一个在职场环境中可能出现的培训课程，可以是安全培训，如灾害逃生技巧培训、火灾安全培训，也可以是针对一项具体工作技能的培训，如新型机器设备的操作培训，新版软件工具的使用培训，还可以是语言培训等。无论是什么样的培训内容，考生都要注意，培训内容要和写信人所在的公司和工作内容相关并且匹配。如果缺乏思路，考生可以试着描述几乎所有公司都会提供的新员工培训，培训内容大都涉及公司文化和工作制度等相关内容。同时，建议在描述学到了什么的时候，考生最好能给出 2~3 个具体的技能，这样有利于提升书信的真实度和丰富度。

提示二需要考生阐明培训对工作的具体帮助。考生可以采用分类法，列举一些具体的技能使用场景，通过描述亲身经历写出具体内容。或者，考生也可以用对比的形式，写参加培训之前遇到的具体问题是什么，培训之后问题是怎么被解决的。考生只要能够想到两个变化，再通过列举或者对比描述出来即可。

提示三要求考生分析这个课程的适用性，说明培训对哪些员工不适用。这个问题需要从另一个角度反馈课程的局限性。有职场经验的考生可以参考过往的经历。如果考生没有相关经验，可以参考一些常见的培训课程局限性，比如培训时间，培训主题，培训结果的使用范围和时效性。

这篇 Task 1 要求考生完成一封反馈信的写作，在明确信件目的、对象、语言内容之后，考生就可以适当地联想延展，利用提示充实文章内容，注意要达到规定的字数要求。

考官作文

见《剑桥雅思官方真题集 18 培训类》P138

参考译文

亲爱的卡伦女士：

再次感谢您让我参加了工作安全培训课程。那是一个非常有价值的培训，而且我现在更加有信心避免在工厂里发生意外。我们学习了安全存储，保持安全通道畅通和用火安全的知识点。

我可以汇报说我已经在使用我学到的这些技能了。当我发现有些电缆有会绊倒人的风险时，还有一只大桶挡住部分出口时，我立刻能够识别并解决这些问题。

我了解到今年加入我们公司的员工已经在入职培训中接受了这项培训，对于那些在公司工作更久的员工来说，这将是一个很好的机会，可以更新和增加他们的知识。

这是一个组织良好且与我们工作环境息息相关的课程，我很感激有这个机会。

非常感谢

分　析

★另一个考官对此考官作文的点评

此篇考官习作没有打分，以下是考官评语的翻译。

这是一篇优秀的任务回应：它回答了所有三个要点，使用了与雇主沟通的恰当语气，并且信函格式无误。信函中有清晰的发展推进，但是可以提及更多证据证明为什么这门课程可能不适合同事（最后一个要点）。使用了有效的衔接手段（that / those who），但是如果使用比（and / but）更广泛的衔接表达，可以提高最终评分。

词汇运用得当，使用了一些有效的搭配（prevent accidents / trip hazard / partially blocking）。语法结构包括简单和复杂的例子（started working with us / have been here longer），但是信函大部分用的是一般过去式和过去时态。

要想得到满分，考生需要使用更广泛的衔接手段和语法结构。可以通过提供更多建议说明为什么这门课程可能不适合其他同事，来提高分数。总的来说，这是一个很好的回答。

★ 解读考官点评

任务回应

此篇作答涵盖了题目提示的所有要点，且延展到位，使用的语言风格完全符合这篇书信的要求。习作中有一个很好的细节处理，就是对雇主的称呼——卡伦女士，不仅礼貌，还拉近了和雇主之间的距离。英文写作的格式是另外一个重要的考查点。从考官的评价中可以看出，这篇习作的内容、语气和格式都很优秀。

但是，针对最后一个要点的回应，考官指出习作需要补充更多的证据进行说明。习作中提到了今年入职的新员工已经接受了此类培训，并且应该加强老员工的安全培训。如果要进一步展开，可以具体说说重复培训新员工的问题是什么，比如，出勤不高，内容重复，浪费公司的培训资源和成本，占用了培训名额等。如果要展开讨论老员工也应该被培训的原因，可以指出在工作中，发现新老员工的工作操作步骤有一些不同，为了更好地协同合作保证员工安全，建议老员工也参与这个新培训。总之，在时间允许的情况下，考生要尽可能保证每个提示都有一定的展开，这样才能在任务回应方面得到更高的分数。

连贯与衔接

想要在衔接和关联方面取得高分需要注意这几点。第一、信息和观点的呈现要有逻辑，好的信息逻辑语言流畅，逻辑清晰，且不会给读者的理解带来任何障碍。在这一项上，习作是非常优秀的。第二、衔接方式的多样性。从另一个考官的点评中我们可以看到这篇习作使用了多样的指代。通过 that，those，who 这样的指代，既达到了信息的连贯，同时也避免了重复。指代虽然看似简单，如果能够准确使用，是一个很好的衔接方式。但是，考官也指出，这篇习作的衔接词比较单一，频繁使用 and 以及 but 这样的连词，没有体现衔接手段的 range（多样性），而多样性则是高分特征之一。在此，我们建议考生可以偶尔加入一些副词或者短语进行衔接。第三、分段的重要性。这篇书信格式准确，分段有逻辑，给考生们提供了很好的参考。第一段首先告知写作目的，并回应了第一个要点，第二段和第三段分别回应剩下的两个提示要点。这样一段回应一个问题的分段方式，简单清晰，建议考生们在实战时也参照这种分段形式。

综上，要想提高连贯与衔接这一维度的分数，考生们需要在考场上快速构思作文结构和内容，下笔前先列好提纲。写作过程中，注意指代准确和衔接词的变化，写完之后，花几分钟通读文章，在表述不清的地方进行快速修改，重复的部分使用指代和替换等。考生必须多加练习，形成自己的一套写作思路，才有可能在实战中取得理想的分数。

词汇丰富程度

在满足话题要求的前提下，这篇文章的词汇使用很优秀（used well）。习作中出现了很多与安全培训内容相关的主题词汇（prevent accidents，partially blocking）。同样，还使用了一些高级词汇（hazard），甚至还有一些不常见的固定搭配。但是整体来说，高级词汇的使用频率可以提高。因为作文中的 uncommon lexical items（不常见的词汇和搭配）也是在词汇上取得高分的武器，注意前提是能够确保使用的准确性和语言的自然。对于广大的考生而言，建议先保证用词准确，再保证多样性和灵活性，之后再追求用词高级和自然。

此篇习作使用了简单句和复杂句，同时还用到了一些相对复杂的语言结构，比如考官提到的 start doing 以及有一定难度的时态。但是在评价中，考官也指出了一些待提升的地方，特别是时态的使用和句子结构方面。如果要提高语言的多样性，考生不妨从从句的多样性，非谓语的使用，多样的复合结构，时态的多样性，情态动词和固定句式的使用入手。为了保证在此项评分中取得高分，考生在完成文章写作之后，还要养成检查错误并修改的习惯。

★文中一些值得学习的语法点：

1）Thank you very much again for doing 可用于书信开头，表示再次感谢

2）I can report that... 给出报告内容

3）It would be a good opportunity to... would 用于提出建议

4）I am grateful for the opportunity. 表示感谢的常用表达

5）Many thanks 信函用语，表示感谢

Writing Task 2 ▶▶▶

题目要求

见《剑桥雅思官方真题集 18 培训类》P101

审　题

一些人不喜欢社会和他们自己生活中的变化，并且想要一切保持不变。

为什么一些人想要一切维持不变？

为什么变化应该被看作是积极的事情？

写作思路

这是一篇讨论"改变"的话题作文，要求考生分析为什么一些人对社会和个人生活中存在的变化抱有消极的态度。此外，考生还需要分析为什么变化本身应该是积极的。从题目形式来看，这是一个一题两问的 Task 2 任务，并且两个问题都要求考生分析原因。结合题目，我们不难发现，这道作文题目的本质是考查考生辩证分析不同人群对同一个现象的不同观点的能力。

针对一题两问的题目，最简单的分段形式就是一个主体段回答一个问题。主体段一可以回答问题一：为什么一些人不喜欢社会和自己生活中的变化，并且想一切维持原状。总体分析来看，常见的原因之一就是不安全感。有些人可能因为社会和生活中的变化而感到困惑和不安，因此他们想要通过一切保持不变来维持安全感。其次，人们有自己的舒适区。一些人可能习惯于某种生活方式或工作方式，他们不想冒险尝试新事物，因为那可能会让他们走出自己的舒适区。最后，人们对环境有控制欲。一些人喜欢对自己周围的事物掌握控制权，他们害怕失去对事物的控制感，

因此不喜欢变化。如果无法直接想到这些原因，我们可以采用原因分析的一些常见方法，比如从内在原因和外在原因进行分析，或者从不同年龄、不同社会阶层和不同收入人群角度出发进行原因细分。

分析第二个问题时，考生仍然可以采取以上提到的原因分类法进行讨论。下面提供一些目前社会主流的观点，供考生们参考。拥抱变化的原因之一是变化可以带来新思维、新技术和新机遇，这些变化可以推动个人进步和社会发展。其次，适应变化可以帮助个人和组织提高适应性和创新能力，使人们更具竞争力。同时，有时候变化可以带来更好的结果，从而改善生活质量和提高工作效率。再者，变化可以促进个人成长和发展，让人们学习新知识、掌握新技能，成为更有经验和成熟的人。所以，变化是不可避免的，但也是积极的，因为它可以带来机遇、提高人们的适应性和创新能力、产生更好的结果、并促进个人成长和发展。

从文章的结构来说，第一段需要转述现象，引出下文内容。文章主体部分需要合理分段，建议采用一个段落回答一个问题的布局。段落中间用并列或者递进手法列举出原因。最后每个原因都需要有适当的延伸内容或者通过举例支撑内容。如果考生的论点是维持不变让人产生安全感，就可以用很多老人不愿意搬迁这样的例子，让论点更具有说服力。在论述变化能带来技能提升时，可以提到新的科学技术迫使我们掌握新的技能，比如，当今大热的 AI 软件就是一个很好的例子。

考生需要注意第二个问题其实隐藏了出题者对于变化的态度。在最终的结论中，建议考生也沿用这个立场作为结论。题目中并没有直接问考生对于变化的态度，所以以考生在结尾段总结时最好不要提出新的立场或者内容。在实际写作时，考生在结尾部分只需要先总结为什么人们会认为变化是消极的原因，然后得出我们应该把变化看作是积极的这一最终结论。

考官作文

见《剑桥雅思官方真题集 18 培训类》P139

参考译文

确实生活中唯一不变的就是变化本身。社会和我们生活中的变化是无法避免的。我们都会变老，我们的朋友和家人会搬离我们，我们的工作情况可能会突然发生变化。可以理解，很多人希望一切都可以保持原样。在这篇文章中，我将讨论这个观点背后的原因以及解释为什么拥抱变化是更好的选择。

想要在生活中掌握控制权是非常正常的。当社会中发生了一些超出我们控制的事情或者当我们无法确定某件事情的结果时，我们经常会感到无助。由新冠大流行带来的不确定性就是一个很好的例子。我们个人境况的变化也可能让人难以接受。例如，当一个朋友或家庭成员搬家时，我们可能会感到深深的失落感。讽刺的是，即使是好的变化也可能带来不确定性。如果我们获得了晋升，我们可能会挣扎于负担症候群，并与失败的恐惧抗争。

尽管有这些完全合理的感受，我仍然认为拥抱变化是好的。因为变化是不可避免的，所以更好的做法是接受现实而不是被负面的想法吞噬。当我们保持积极的心态，我们会发现变化其实从长远来看是会给我们带来好处的。适应变化也可以帮助我们增强抗逆力，这是一个能够帮助我们直面困难和发现机会的品质。

> 如上所述，我们迟早都会面临变化。虽然变化令人不安，但关键是要专注于生活中积极的方面。这样做可以帮助我们发掘未知的新机遇。

分　析

★ 另一个考官对此考官作文的点评

此篇考官习作没有打分，以下是考官评语的翻译。

这是一个高水平的回答，涵盖了问题的所有方面。第二段给出了社会这个整体和个人为什么抵抗变化的原因。然后，第三段清晰地解释了为什么这是一个积极的过程。立场是连贯一致的，结论把两个方面很好地结合在一起，结尾陈述到位。

观点组织合理，衔接词（Ironically / Despite these / As highlighted above / Doing so can）使用到位，有效地进行了改述。

词汇自然而老练（embrace change / deep sense of loss / consumed by negative thinking / develop resilience）。句子结构灵活多变，包括了广泛的多重从句句型，几乎没有错误。

除了第三段可能需要举例说明为什么变化应该被视为积极的因素之外，本文不再需要添加其他内容来提高分数。总的来说，这是一篇非常出色的高水平回答。

★ 解读考官点评

任务回应

考官指出此篇习作是一篇高水平的作答。高水平的任务回应应该对话题进行的全面讨论，并且要有清晰的结论。习作从个人和社会两个层面分析了人们不愿意改变的原因，即社会和个人都会因为不确定性排斥变化，并分别给出了一些真实的例子支撑论点。针对社会层面，提到了新冠大流行，针对个人层面，提到了朋友、家人以及自己的变化所带来的不好的感受。在第三段中，明确描述了变化的好处，也就是变化能够长远地有益于我们。适应变化能够让我们增强抗逆力等良好的品质。然而，与第二段相比，第三段的内容有明显的不足，特别是在论述变化带来的好处时没有使用清晰的例子作为支撑。所以点评提到，加入例子能提升这篇文章的分数。而对于结论，这篇文章使用了一个很巧妙的处理方式。文章在第三段一开始就给出了自己的观点，表示自己是支持变化的。所以，在结论段本文通过结合两个不同观点，得出了全文的结论。

连贯与衔接

针对此项评分标准，考官对习作给出了很高的评价，指出此篇文章信息和观点逻辑连贯性很好，立场贯穿全文，并且使用了高级的衔接手段。除了准确的指代外，还使用了 understandably，ironically，despite these perfectly natural feelings 等用词意进行推进的词汇短语，衔接自然同时还体现了信息衔接的多样性。As highlighted above 以及 doing so 也让文章进行了合理的过渡。习作选择了四段式分段。第一段转述，第二段和第三段分别回答两个问题，结尾段总结结论，结构上便于读者理解作者想表达的信息。

词汇丰富程度

考官指出这篇文章展现的词汇运用，不仅自然而且老练，特别认可文章中使用的固定搭配。例如 embrace change 展现出了对变化的积极态度，鼓励去拥抱变化；consumed by negative thinking（被负面的想法消耗）非常形象地表述了消极观点对不愿意拥抱变化的人的危害。同时，还有一些对于母语非英语者不常见的词汇的使用，比如 resilience, obstacle, unsettling，以及 imposter syndrome（一般指优秀的人感觉不到自己的优秀，表现得过度谦虚，感觉自己德不配位，能力不够）这样的高分词汇及短语。在考场上，虽然我们不一定能够像考官一样这么精准老练地使用词汇和短语，但是经过一定的积累和练习，我们也可以尝试使用一些固定搭配、话题词替换等。对于基础更薄弱的同学，还要注意单词拼写的准确性，做到尽量减少拼写错误。

语法多样性及准确性

在语法层面上，考官同样也作出了极高的评价。文章展现了充分的语言灵活性，在没有错误的情况下，使用了多从句的结构，并展现了大量的复杂结构。第一段中复杂句和简单句穿插出现，第二段中充分使用了状语从句，分词作定语（caused by）等结构。第三段除了重复使用之前出现的一些语言结构，还有同位语加定语从句这种比较老练的概念解释方法（resilience, a quality that...）。时态使用的多样性也让人眼前一亮，做到了现在时、将来时、过去时轮番使用。同时，还准确运用了一些不同的情态动词。这篇文章的句子结构安排和不同结构出现的频率都非常值得考生们研究和借鉴。

★ 文中值得学习的词语搭配点：

搭配	释义
in control of	掌控
beyond one's control	超出了某人的控制范围
be sure of	确定
...is an example of this	……是这样的一个例子
imposter syndrome	负担症候群，冒名顶替综合征
wrestle with	努力应对
It is much better to...than to...	与其做……不如做……更好
face an obstacle	面对困难
As highlighted above	如上所诉
keep focused on	保持专注于
unlock new opportunities	开启新机遇

Test 4 *Speaking*

Part 1 ▶▶▶

第一部分：考官会介绍自己并确认考生身份，然后打开录音机或录音笔，报出考试名称、时间、地点等考试信息。考官接下来会围绕考生的学习、工作、住宿或其他相关话题展开提问。

话题举例

★ Sleep

1 **How many hours do you usually sleep at night?**

Well, I normally get around 6 or 7 hours of sleep per night, but sometimes when I need to *stay up* for work or studying, I *end up* getting much less sleep – sometimes as little as 5 hours or even fewer. I've always tried to get enough time for sleep though, so that I can be more *alert*, *energized*, and *productive* throughout the day.

stay up 熬夜	end up 最终
alert 机敏的	energized 充满活力的
productive 有效率的	

2 **Do you sometimes sleep during the day? [Why/Why not?]**

Well, I do *take a nap* during the day from time to time, especially after lunch or if I didn't get enough sleep the night before, and I find it a good way to *recharge my batteries*. That said, I try not to *oversleep* because too much sleep can somehow make me more tired and *groggy*.

take a nap 打盹儿	recharge one's batteries 恢复体力
oversleep 睡过头，睡得太久	groggy 头脑昏沉的

3 **What do you do if you can't get to sleep at night? [Why?]**

Well, if I have trouble getting to sleep at night, I usually try to relax by either reading a book or listening to some *soothing music*. *More often than not*, this will help me to *fall asleep* pretty quickly. But if that doesn't work, I'll *resort to* doing some *light exercise* to *wear myself out* to make sure I can go to sleep before it gets too late.

soothing music 舒缓的音乐	more often than not 通常情况下
fall asleep 睡着	resort to 采用，求助于
light exercise 轻度运动	wear sb. out 让某人筋疲力尽

4 **Do you ever remember the dreams you've had while you were asleep?**

Well, I can't really remember my dreams when I go to sleep at night. Sometimes I'm aware that I had a dream when I wake up in the morning, but the harder I try to *recollect* it, the *hazier* it becomes. I really wish I could easily store and replay my dreams, because some of them are so *captivating* that it would be a *shame* to let them *fade away* from memory.

recollect 想起，回忆起　　　　　hazy 模糊的
captivating 让人着迷的　　　　　shame 令人遗憾的事
fade away 逐渐模糊

Part 2 ▶▶▶

第二部分：考官给考生一张话题卡（Cue card），考生有 1 分钟准备时间，并可以做笔记（考官会给考生笔和纸），之后考生要作 1~2 分钟的陈述。考生讲完后，考官会就考生阐述的内容提一两个相关问题，由考生作简要回答。

Describe a time when you met someone who you became good friends with.
You should say:

who you met

when and where you met this person

what you thought about this person when you first met

and explain why you think you became good friends with this person.

话题卡说明

本题是一道事件经历类话题：描述和一个好朋友第一次见面时的经历。本题是常规题目，题目的限定也相对简单，描述时要注意该经历场景的搭建以及过去时态的准确使用。同时，由于题目中涉及人物，因此需要对该人物进行一定的描述。使用以下描述方法及策略可以增加词汇表达和语法结构的丰富度。

开篇和事件场景介绍	For this topic, I'd like to talk about Jack, a friend I made during my freshman year in college. ***Back then***, we were both in the same English class and assigned to work together on a project.
事件和相关人物描述	To be honest, Jack didn't ***make much of an impression on*** me. I mean, he was pretty quiet and ***reserved***, and he didn't seem willing to contribute ***in the first place***. But as we started working on it, I began to see more sides of his personality. He was actually a pretty ***solid*** guy with ***a great sense of humor***. He was also quite smart and creative, who ***came up with*** plenty of good ideas for our project. We ***cooperated*** pretty well and ended up with a pretty good result on the project.

事件和相关人物描述	After that, we became friends and I was surprised to find that we actually **had a lot in common**. We were both **avid readers** and big fans of movies and traveling. We even joined a book club together and would often have movie nights or go on weekend trips.
总结原因	Why we became good friends? Well, I think it's because we both felt so comfortable being ourselves around each other, and we had **a strong foundation** of **mutual respect and trust**. We also supported each other through **tough times** and celebrated each other's successes. Even though it's been many years since we graduated and we now live in different parts of the country, we still **keep in touch** and **make an effort** to visit each other whenever possible.

重点词句

back then	当时，那时候	have a lot in common	有很多共同点
make an impression on sb.	给人留下深刻印象	avid reader	酷爱阅读的人
reserved	内向的，矜持的	a strong foundation	坚实的基础
in the first place	起初	mutual respect and trust	相互的尊重和信任
solid	可靠的，稳重的	tough times	困难时期
a sense of humor	幽默感	keep in touch	保持联络
come up with	提出（计划、想法等）	make an effort	努力
cooperate	合作		

Part 3 ▶▶▶

第三部分：双向讨论（4~5 分钟）。考官与考生围绕由第二部分引申出来的一些比较抽象的话题进行讨论。第三部分的话题是对第二部分话题卡内容的深化和拓展。

话题举例

★ Friends at school

1 **How important is it for children to have lots of friends at school?**

Well, although having friends at school can provide children with *emotional support*, *companionship*, and opportunities for *socialization* and play, I don't think it's *necessarily* essential for them to have a large number of friends as it could end up being *distracting* for their studies or lead to *social anxiety* due to the time commitment required to maintain all those friendships. For this reason, I think when it comes to friendship, quality is more important than quantity. In other words, children who have one or two close friends may be just as socially and emotionally *well-adjusted* as those who have many friends. So, the number of friends they have at school may not matter as much as feeling supported and *valued*, and having healthy relationships with their peers.

emotional support 情感支持	companionship 陪伴
socialization 社交	necessarily 必要地
distracting 让人分心的	social anxiety 社交焦虑
well-adjusted 能很好适应地	value 珍视，重视

2 **Do you think it is wrong for parents to influence which friends their children have?**

Well, I don't think it's wrong. I mean, parents have a responsibility to protect and guide their children in making good choices, so it's natural and *perfectly reasonable* for them to want to *steer* their children towards positive friendships, and to express concerns about friends who may be a negative influence. *Having said that*, it's also important for parents to *strike a balance* between guidance and control. I mean, if parents *intervene excessively* in their children's selection of friends, it may cause a loss of trust between the parent and the child, and might even push the child to *rebel* against their parents' wishes.

perfectly reasonable 完全合理的	steer 引导，引向
having said that 话虽如此	strike a balance 求得平衡
intervene excessively 过度干预	rebel 叛逆，反叛

3 **Why do you think children often choose different friends as they get older?**

Well, I think the main reason for changes in children's friendships is due to their natural development process. As they grow up, they go through several different stages of development that can affect their *social circles*. For instance, when they're younger, children often make friends over shared activities like playing sports together. However, as they mature, they may become more independent and *assertive*, which can lead them to seek out different types of friendships and to be more *selective* about who they spend time with. Also, *external* factors like moving to a new neighborhood or attending a different school can significantly impact their social lives, leading to new opportunities to make new friends and join new social circles.

social circle 社交圈	assertive 坚定自信的，果敢的
selective 有选择性的	external 外部的

★ Making new friends

1 **If a person is moving to a new town, what is a good way for them to make friends?**

Well, I think an effective way to make new friends when they're *relocating* to a new town is by joining a local club or organization that shares their interests or hobbies. These places can offer great opportunities for them to meet *like-minded* people and *build connections* with them through shared activities such as sports. It's also a good idea to make friends through *social media platforms* like Facebook or Instagram, where they can look for groups or pages that are *relevant* to what they're interested in or the things that they *have in common with* the locals, and this can generally help them get to know more people and expand their network of friends.

relocate 搬迁	like-minded 志同道合的
build connection 建立关系	social media platform 社交媒体平台
relevant 相关的	have in common with 与……有共同之处

② **Can you think of any disadvantages of making new friends online?**

Well, one big challenge that I can think of when you're trying to make new friends on the internet is that because you never really know who you're talking to, there's always the possibility that they may *misrepresent* themselves by using fake names or profile pictures to hide their true identity, which can be dangerous and thus *get in the way* of establishing trust, building connection and forming a *genuine* friendship with the person. Another *drawback* is that although it can be quite *straightforward* to *hit it off* with someone online, it usually takes a lot of time and effort to maintain the friendship, and once you become busy or take a break from the internet for a while, the online friendship can easily *drift apart*.

misrepresent 歪曲，不实报道	get in the way 妨碍，阻碍
genuine 真实的	drawback 缺点
straightforward 简单的	hit it off （和某人）一拍即合
drift apart （关系）逐渐疏远	

③ **Would you say it is harder for people to make new friends as they get older?**

Well, I would say so, and it is generally more *challenging* because when people get older, they tend to have fewer opportunities to meet new people due to changes in life circumstances, such as retirement, relocation, or a decrease in social activities. Also, they may become more *set in their ways* and less open to new experiences and *perspectives*, and this can make it more difficult for them to make new connections and form new friendships. Having said that, there're still plenty of opportunities available for those who are *getting on in years* to socialize and make friends, such as community events or volunteer work. So, it's important for them to be more *proactive* and engage themselves in those activities to *seek out* social relationships so that they can feel more supported or valued, even at the late stage of their life.

challenging 困难的，有挑战性的	set in one's ways 因循守旧，一成不变
perspective 观点	get on in years 变老，上年纪
proactive 积极主动的	seek out 寻找到，找出

版权声明

本书作者和出版社承认以下版权材料的来源，并对其授予的许可深表感谢。我们已经尽力尝试联系所有作者，但未能查明所有版权材料的来源并与全部版权所有者取得联系。因此，本书的少数选文作者信息不详，敬请这些作者与我们联系。

Key: L = Listening; R = Reading

文本

L1: Sue Watt and *Travel Africa* Magazine for the text adapted from 'How to translocate an elephant' by Sue Watt. Copyright © 2022 *Travel Africa* Magazine. Published by Gecko Publishing Ltd. Reproduced with permission;

R1: Citizens Advice for the text adapted from 'If your clothes have been lost or damaged by a dry cleaner' by Citizens Advice, available at https://www.citizensadvice.org.uk/consumer/somethings-gone-wrong-with-a-purchase/ dry-cleaner/ as of 28.11.2022, 13:00 GMT. Copyright © 2022 Citizens Advice. Reproduced with permission; The Reading Agency for the text adapted from 'Reading groups for everyone-teenvision'. Copyright © The Reading Agency 2022. Reproduced with kind permission; Safe Workers owned and operated by Blue Indian Media Ltd for the text adapted from 'Mechanical lifting equipment – shifting heavy loads safely' by Norman Thomson, 06.01.2022. Copyright 2022 © Safe Workers. Reproduced with kind permission; *Training* magazine for the text adapted from 'How to handle customer complaints' by Lorri Freifeld, 18.06.2013. Copyright © 2013 Lakewood Media Group LLC. Reproduced with kind permission; *The Guardian* for the text adapted from 'Storks are back in Britain – and they're a beacon of hope for all of us' by Isabella Tree, *The Guardian*, 08.07.2019. Copyright © 2019 Guardian News & Media Limited. Reproduced with permission; **R2:** *The Independent* for the text adapted from '10 best sleeping bags for camping, festivals and trekking adventures' by Tamara Hinson, *The Independent*, 31.08.2022. Copyright © 2022 Independent Digital News and Media Limited. Reproduced with permission; Spread the Word for the text adapted from 'Life-Writing-Prize-2019-Rules'. Copyright © Spread the Word. Reproduced with permission; 6Q for the text adapted from '57 great ways to encourage better employee health' by Miles Burke. Copyright © 2022 6Q. Reproduced with kind permission; *The Telegraph* for the text adapted from 'A home-sewing revival: the return of Clothkits' by Clover Stroud, *The Telegraph*, 10.06.2010. Copyright © Telegraph Media Group Limited 2010. Reproduced with permission; **R3:** *Safety+Health* magazine, National Safety Council for the text adapted from 'Recognizing hidden dangers: 25 steps to a safer office' by Lauretta Claussen, 01.06.2011. Copyright © 2011 National Safety Council. Reproduced with kind permission; World History Encyclopedia by World History Publishing for the text adapted from 'Roman Roads' by Mark Cartwright, 17.09.2014, available at https:// www.worldhistory.org/article/758/roman-roads/#ci_author_and_copyright. Copyright © World History Publishing. Reproduced with permission; **R4:** *The Independent* for the text adapted from '7 best ice cream makers for frozen treats at home this summer' by Katie Gregory, *The Independent*, 02.08.2022. Copyright © 2022 Independent Digital News & Media Ltd. Reproduced with permission; Mullion Cove Hotel for the text adapted on photography course led by Carla Regler. Copyright © 2017 Mullion Cove Hotel. Reproduced with kind permission; WorkSafe for the text adapted from 'Respiratory protective equipment – advice for workers', November 2016. Copyright © 2016 WorkSafe. Reproduced with kind permission; Syon Geographical for the text adapted from 'Night photography from dusk till dawn' by Michael Black, December 2017. Copyright © Syon Geographical. Reproduced with permission.

音频

Audio production by dsound recording Ltd.

排版

Typeset by QBS Learning.

链接

The publisher has used its best endeavours to ensure that the URLs for external websites referred to in this book are correct and active at the time of going to press. However, the publisher has no responsibility for the websites and can make no guarantee that a site will remain live or that the content is or will remain appropriate.